AF596929

LETTRE
SUR
LE LUXE.

LETTRE
SUR
LE LUXE.

Sævior armis

Luxuria incubuit.

Imprimé à LONDRES,

Et se vend à PARIS, à la porte
de la Bastille.

M. DCC. XLVI.

NE voyez-vous pas, lui répondit Mentor, que les hommes, gâtés par la flaterie, trouvent sec & austère tout ce qui est libre & ingénu ? Ils deviennet si délicats, que tout ce qui n'est point flaterie les blesse & les irrite.

Télémaque, Livre 6.

A MONSIEUR ***

DE L'ACADEMIE IMPERIALE de Pétersbourg, de l'Académie des Curieux de la Nature, de l'Académie Royale des Sciences de Paris, de la Société Royale de Londres, de la Société d'Edimbourg en Ecoſſe, de l'inſtitut de Bologne, des Académies Royales de Suède & de Pruſſe.

P*Ermettez-moi*, MONSIEUR, *de percer au travers de tous les Titres qui vous envelopent, pour vous prier de lire la* Lettre ſur le

Luxe, *que j'ai l'honneur de vous envoyer. Quoique cette Lettre roule sur une matière des plus intéressantes, j'ose me flater qu'elle ne vous occupera pas longtems, Vous pourrez aussi tôt reprendre le fil des spéculations Géométriques & Algébriques, où vous êtes plongé.*
Væ rerum harum rudibus

J'ai l'honneur d'être,

MONSIEUR,

*Votre très-humble
& trés-obeïssant
Serviteur ****

AVER-

AVERTISSEMENT

DU

LIBRAIRE.

IL y a déja quelques années, que la *Lettre sur le Luxe* m'étoit tombée entre les mains. Un Gentilhomme Anglois qui revenoit de France me la remit, sans pouvoir ccpendant me dire le nom de l'Auteur qui l'avoit écrite. Je ne sai comment je négligeai alors d'imprimer cet Ouvrage, ni comment j'ose l'imprimer aujourd'hui, qu' l lui manque une certaine fleur de nouveauté. Effectivement, plusieurs des défauts qui y sont repris, ont été corrigés avec succès. Les abus, par exemple, remarqués dans les Manufactures de Languedoc, ne subsistent plus : le faste des Gens-d'affaires a beaucoup diminué, & ils

ils font un meilleur uſage de leurs richeſſes : les Troupes Françoiſes ne ſont plus dans l'état fâcheux où elles étoient ſur la fin du règne de LOUIS XIV. & rien ne leur manque, ſoit du côté de l'habillement, ſoit du côté de la ſubſiſtance. Ainſi, j'eſpère que le Lecteur voudra bien ſe prêter à la différence des tems. Pour ce qui regarde le Luxe, c'eſt une matière qui ne peut être trop diſcutée par ceux qui s'intéreſſent à l'Ordre public, au bonheur des Sociétés. Nos vertus & nos vices, diſoit un Ancien, deſcendent de nos ames à nos corps, des corps aux vêtemens, des vêtemens aux maiſons, & des maiſons au Public.

LET-

LETTRE
SUR LE LUXE.

LA conversation, Monsieur, que nous eumes à la campagne, il y a quelque tems, ne s'est point effacée de mon esprit. Je me ressouviens parfaitement, & des raisons spécieuses que vous me dites, & des exemples choisis dont vous appuyates vos raisons, Malgré tout cela, Monsieur, je n'ai point changé de sentiment, & je suis convaincu que le Luxe est une chose pernicieuse dans un Etat, & qui ne doit pas y etre soufferte. N'allez pas croire cependant que je veuille ici jouer le personnage d'un Moraliste outré, ou d'un de ces hommes sévères qui blâment tout ce qui leur déplait. Un tel personnage me siéroit très mal. Je ne parle assurément que par amour du bien public, & par goût de la vérité.

A l' égard de ceux qui ont écrit en faveur du Luxe, attirés par je ne ſai quelle fauſſe apparence, je veux bien penſer qu'ils ont ſuivi, ou cru ſuivre les mêmes principes. Mais vous verrez dans la ſuite qu'ils ſe ſont effectivement trompés, & qu'ils n'avoient qu'une connoiſſance ſuperficielle du commerce, & des affaires du monde. Il n'appartient point à toute ſorte d'Auteurs de traiter de pareilles matiéres. Il faut s'être familiariſé avec les hommes, peut-être même avoir eu ſur eux quelque inſpection, quelque autorité. Sans cela on court riſque de prendre le change ſur ce qui regarde les devoirs moraux, la nature, les droits, le bien des ſociétés.

Qu'eſt-ce donc que le Luxe, me demanderez-vous, Monſieur? Quelle idée en doit-on avoir préciſement? Car il ne faut ni le blâmer par caprice, ni l'approuver par molleſſe. Je vous répondrai, que le luxe eſt une ſuperfluité agréable ou brillante, qu'on ajoute aux beſoins indiſpenſables de la vie: c'eſt un bien, un avantage dont on pourroit abſolument ſe paſſer, mais qu'on ſe procure tantôt par vanité, par intempéran-

ce

ce de goût; tantôt par un fort attachement à la mode : c'est enfin un excès dont le prix, le mérite dépend de l'imagination, & qui n'a rien en lui-même de réel, ni d'effectif.

Je vous répondrai plus généralement encore, que le Luxe consiste à user des biens de la Providence, d'une manière qui tourne où au préjudice de celui qui en use, soit dans sa personne, soit dans ses biens; ou au préjudice du public, qu'on brave par une profusion insolente & déplacée; ou au préjudice des autres, qu'on est humainement obligé d'assister & de secourir. Tout cela dans la suite s'expliquera mieux par des exemples.

Mais auparavant, Monsieur, il me paroit à propos de distinguer deux sortes de Luxe : l'un de génie, si j'ose ainsi parler, & l'autre de mœurs : l'un qui consiste dans la perfection de certains Arts utiles, & l'autre qui est fondé sur des bagatelles, sur des niaiseries, & qui loin de rendre le goût meilleur, ne peut servir qu'à le gâter & le corrompre, *en affoiblissant l'ame*, comme dit l'Auteur des Essais de Morale, *en l'attachant à des objets difficiles à conserver & dont elle*

 peut

peut être privée malgré soi, en la rendant tendre & délicate, & sujette à l'ennui & au chagrin.

Le Luxe de génie marque dans la Nation qui y est attachée, un amour général pour le beau & le parfait, un caractère de supériorité qui se repand de proche en proche & se communique jusqu'au peuple. Ce Luxe non-seulement doit être admis & approuvé, mais encore excité par des distinctions, encouragé par des récompenses. Telle est la situation des Arts qui demandent des ouvriers intelligens & accoutumés à réfléchir, de l'Horlogerie par exemple, & de l'Orfevrerie. C'est un Luxe certainement, d'avoir une Montre à boëte d'or, ciselée & travaillée avec soin. Mais ce Luxe change de nom & se fait estimer, quand avec cela on veut avoir une Montre excellente, une Montre de JULIEN LE ROI. D'ailleurs, si les étrangers qui abondent dans le Royaume étoient bien persuadés que l'Horlogerie y atteint son véritable degré de perfection, ils chercheroient tous à se pourvoir de nos ouvrages, ils les mettroient au rang des meubles les plus précieux.

l'Anl'Angleterre n'a-t-elle point été enrichie par ses Montres, & combien ne l'est-elle point encore ? Il n'y a guéres de Prince en Europe, ni de Ministre d'Etat, ni d'homme curieux, qui n'en ait une. Charles II. crut faire un grand présent au feu Roi Louis XIV, en lui adressant deux Montres à répétition, & ce furent les prémiéres qu'on vit en France. S'étant dérangées, il fallut les renvoyer à Londres, aucun ouvrier n'ayant pu les rajuster dans Paris.

L'Orfevrerie est un objet encore plus important. Tous ceux qui représentent & occupent de grandes places, soit en Allemagne, soit dans les Pays du Nord, soit en Espagne & en Italie, les Ambassadeur, les Généraux d'Armée, veulent avoir de la vaisselle d'argent faite en France. Et ce n'est point un air de vanité qui les conduit; c'est leur intérêt propre, c'est l'envie de soutenir un rang qui les distingue. On doit par conséquent encourager les Orfevres à se perfectionner dans leur Art, dans un métier susceptible d'intelligence. Ils peuvent faire entrer des sommes considérables dans le Royaume; ils entretiennent un travail qui augmente chaque jour ; ils font naitre une sorte d'emulation. J'avoue que l'usage d'avoir de la vaisselle d'argent platte, s'est rendu un peu trop commun en France. Je ne crois pas qu'il doive être permis à toute espéce de gens d'en faire parade. Cet usage, il est vrai, n'a rien que de convenable à la Cour, que de bienséant : mais pour l'ordinaire, c'est un Luxe à Paris & dans les Provinces. Il y a certaines superfluités qui répandues sans mènagement, confondent les rangs & mettent de plain-pied ceux qui ne devroient pas y être. Ainsi, Monsieur, je doute qu'on ait eu raison de censurer le célèbre La Bruyère pour avoir dit que chez nos ancêtres, *l'étain brilloit sur les tables & les buffets, & que l'argent étoit renfermé dans les coffres.*

A propos de cet étain, vous savez qu'on commence parmi nous à s'en dégoûter. La fayance peu à peu prend sa place, & il s'en fait dans plusieurs villes du Royaume : ce qui me paroit un avantage d'autant plus grand, que l'etain est une denrée étrangere. Mais autant que notre fayance est devenue commune,

mune, autant la trouve-t-on au-dessous de celle de Dresde & de Flandre, encore plus au-dessous de la procelaine des Indes, elle-même fort différente de ce qu'elle étoit autrefois. C'est, à mon avis, cette procelaine qu'on doit taxer de Luxe, quand on veut en avoir un service complet. Quelques pièces d'ornement, des tasses & des soucoupes suffisent.

Je ne parle point des Arts plus nobles, comme la Peinture & la Sculpture, dont la perfection fait tant d'honneur à un Etat. Si c'est une somptuosité d'avoir des morceaux distingués de RAPHAEL ou du CORREGE, de RUBENS ou de MIGNARD, c'est du moins une somptuosité qui n'appartient qu'à des Princes, ou à des Seigneurs éclairés, qui ne possèdent point de stupides richesses. Peu de particuliers peuvent y prétendre, & il faut que l'aveugle fortune les ait bien favorisés pour les mettre en état de faire de ces sortes de dépenses. Quel bonheur, de voir son cabinet ou sa galerie ornés de quelques-uns de ces chef-d'œuvres immortels, qui agitent & remuent l'ame toute entère, qui inspirent ou des passions douces fondées sur la tendresse du cœur, ou des passions fortes propres à entretenir le courage de l'esprit! Luxe heureux, & trois fois heureux! si les richesses toujours embarassantes pouvoient être souhaitées par un Philosophe, par un homme desintéressé, vous seriez seul capable de les lui faire souhaiter!

Ce que je viens de dire marque assez le peu de cas que je fais de ces prétendus Spirituels, de ces Piétistes, de ces attachés au Rigorisme, lesquels regardent comme un abus tout usage des biens de la Providenc, qui va au-delà du simple nécessaire. J'avoue avec plaisir que ce sont-là des idées creuses, des singularités du Fanatisme. Et que peut-on avancer de plus injurieux au Christianisme, qu'un pareil systême? Effectivement le Christianisme ne commande & ne défend rien par rapport à la Morale, que ce que la Religion Naturelle avoit commandé & défendu auparavant.

Comme les Sciences ont acquis parmi nous une sorte de perfection, & qu'il y a un très grand nombre d'Ouvrages judicieusement écrits en notre Langue & recherr cherches par les étrangers, ſoit pour la ſublimité des penſées, ſoit pour la pureté de la diction, ſoit pour les choſes rares & nouvelles qu'ils contiennent, on doit ſouhaiter que l'Imprimerie, avec les Arts qui en dépendent, ſe perfectionne de jour en jour. Des Livres correctement imprimés ſatisfont les gens de Lettres ordinaires, qui ne demandent qu'à s'inſtruire, qu'à ſe procurer des connoiſſances nouvelles. Les Curieux d'un certain rang, entraînés par un Luxe de génie, veulent encore des Livres où brille toute l'intelligence, où ſe fait remarquer toute l'induſtrie des ETIENNES, des ELIZEVIRES, des ALDES-MANUCES. Aux belles éditions, ils ajoutent des reliures propres & de goût, des reliures qui y ſoient aſſorties. Ils tâchent enfin de raſſembler tous ces Livres dans un lieu choiſi, qui ſoit bien éclairé, qui ſoit orné de tableaux, d'eſtampes, & de différentes ſingularités d'Hiſtoire naturelle. Quel Luxe, s'écrieront les ignorans! Que de dépenſe, pour ſatisfaire aux beſoins multipliés de l'eſprit! Favorables dépenſes, dirai-je au contraire! Plus l'eſprit ſe ſent élevé au-deſſus du corps, plus

plus ſes beſoins ſont nobles, & plus on doit approuver les dépenſes qu'il exige. Après tout, ce ne ſont point-là les dépenſes qui ruinent & décréditent les hommes. Qu'ils ſeroient heureux de n'en point faire d'autres !

Je viens préſentement au Luxe de mœurs, que je diſtingue en trois eſpèces : Luxe de table, Luxe d'habits, Luxe de meubles & autres ornemens ſuperflus. Cette matière demanderoit un détail immenſe. Je ne ferai qu'effleurer les points les plus conſidérables, en me reſſouvenant toujours que le Luxe n'eſt que l'abus de biens que la Providence nous a accordés. Mais comment juger de cet abus, ſi ce n'eſt par les lumières naturelles qui marquent préciſément les bornes où chacun doit ſe reſſerrer dans la jouiſſance de ces biens ? Ils ſont utiles, ou deviennent nuiſibles, ſuivant qu'on franchit ces bornes.

Le Luxe de la table eſt pouſſé à l'excès. Il en eſt même devenu ridicule, tant par les apprêts qu'il exige, que par les fraix qu'il occaſionne. Ce ne ſont que des mets déguiſés, que des ſauces de haut goût, que des extraits de jambon,

bon, des quinteceſſences, des ſucs alambiqués, &c. tout cela encore orné de noms magnifiques & qui annoncent je ne ſai quoi de bas, & de plus bas peut-être que l'affectation de ces deux Romains, dont l'un ſervit aux convives qu'il avoit invités à une grande fête, un plat de langues de toute ſorte d'oiſeaux rares, & l'autre un plat de perles diſſoutes dans le vinaigre. Sans doute que vous n'exigerez pas de moi que je vous faſſe un long détail des nouveaux ragoûts, que la mode a introduits; & ſi vous l'exigiez, Monſieur, j'y ſerois fort embarraſſé.

Nec ſomnum plebis laudo ſatur altilium, nec
Otia divitiis Arabum liberrima muto.

Mais je ferai deux remarques importantes. La prémière, que ce Luxe de table énerve & corrompt la Nation, déja trop ſenſible, trop amollie, trop portée au voluptueux. Tous ces ſucs diſtillés, toutes ces liqueurs brulantes, tous ces feux retenus avec art, ruinent la ſanté & rendent les hommes moins forts, moins

moins courageux, moins propres à un travail continu. D'ailleurs, ceux qui passent plusieurs heures de suite à table, n'en sortent que pour se retrouver avec les mêmes convives, ou avec d'autres d'un goût plus dépravé : *Scurræ, Histriones, Aurigæ, quibus illi amicitiarum dehonestamentis mire gaudent.* Qu'en arrive-t-il ? c'est que les conversations frivoles & les dépenses plus frivoles encore, que fait naitre un long repas, ne s'oublient pas aisément; elles continuent tout le reste du jour, ou de la nuit. Le même esprit se renouvelle, & règne d'un bout de l'année à l'autre.

Qu'en arrive-t-il encore? C'est que le soin de tenir une table exquise & curieuse, soit en vins, soit en mets recherchés, passe dans l'esprit de bien des gens pour une affaire importante, & que le choix d'un Chef de Cuisine, que les CONDÉ's & les TURENNES regardoient comme un domestique ordinaire, est devenu aujourd'hui plus difficile & d'une plus grande discussion que le choix d'un Secretaire pour le Maitre, ou d'un Gouverneur pour les Enfans de la maison. Mais outre que tout ce détail a quelque cho-

chose de bas & de puérile, c'est encore le moyen le plus propre pour n'avoir chez soi qu'une compagnie mêlée, pire souvent que la mauvaise compagnie. Un trait de Cicérone fera voir ce que pensoit là-dessus cet homme si judicieux. Se trouvant un matin chez Pompée, on apporta au Général Romain un poisson extraordinaire, une espèce de monstre marin. Il pria aussi-tôt Cicéron de venir souper avec lui, & Cicéron le lui promit. Pendant qu'ils continuoient à s'entretenir, plusieurs autres Romains entrérent chez Pompée, & il les invita pareillement tous à souper. Cicéron, qui s'apperçut que le nombre des convives grossissoit à chaque moment, répétoit tout bas à Pompée avec un souris malin: *Piscis hic non est omnium.* La bonne compagnie n'est pas si nombreuse. Il y faut plus de choix.

Que les délicatesses & les rafinemens de la bonne chère énervent & affoiblissent les esprits, cela n'est que trop certain, & par malheur que trop commun. Les plaisirs ne doivent être pris qu'en passant, & pour tout dire ici, qu'en les effleurant. S'y arrête-t-on avec trop de de complaisance? l'ame se trouve toute anéantie. Il semble qu'on ne l'ait reçue que pour la perdre. Un homme livré aux excès de table, qui s'en fait une occupation sérieuse, n'est presque plus capable d'aucune force ni d'aucun trait de grandeur d'ame. Il rampe toujours terre à terre. Quelqu'un ayant osé dire à HENRI IV. que malgré la décadence de la Ligue, le Duc de Mayenne étoit toujours redoutable, ce Prince répondit d'un air moqueur : *Comment ! vous voulez que je craigne un homme qui est plus longtems à table, que je ne suis au lit?*

Ma seconde remarque tombe sur la coutume presque générale où l'on est d'avoir dans toutes les maisons, des Cuisiniers & des Aides de Cuisine. Cette coutume suivie sans ménagement, & autorisée par tous les nouveaux parvenus, cause un très grand mal parmi le menu peuple. Car comme la France fournit tout le reste de l'Europe de Cuisiniers & de Valets-de-Chambre, emplois & métiers qui font la fortune des petites gens, on ne sauroit croire combien cela les détourne des travaux plus essentiels & plus utiles à la société. Autrefois il n'y avoit

que

que des Cuisinières, même chez les personnes du rang le plus distingué. Cette occupation sédentaire convenoit à des femmes & à des filles, qui par leur propreté, par un goût simple, mais juste, entretenoient un ménage avec décence. Nos ayeux n'avoient point d'autres domestiques dans leurs Cuisines, ni même à l'Office. Ils ne connoissoient point cet art meurtrier, dont on fait à l'envi l'un de l'autre tant de cas. Tout ce qu'ils mangeoient étoit sain: tout ce qu'ils disoient étoit vrai. Aujourd'hui qu'on ne veut que des choses préparées à grands frais, qu'on ne demande que des mets déguisés avec une sorte d'industrie, qu'on veut du singulier par-tout, le nombre de ceux qui travaillent aux apprêts de la bonne chère est monté jusqu'à l'infini. C'est une espèce de République gourmande, & qui se soutient autant par la liberté impunie des mœurs, que par l'opulence mal acquise de tant de gens pressés de s'enrichir aux dépens des autres.

Mais le châtiment suit de près la volupté abandonée à elle-même. On vieillit avant l'âge marqué par la nature. On

se

se hâte de vivre, comme si la vie étoit devenue un fardeau incommode. A peine la Jeunesse est-elle exemte des incommodités & des maladies, qui avertissent que la mort s'approche, & qui en font par avance sentir toute l'amertume & toutes les horreurs.

Le Luxe de la table est donc un des plus grands inconvéniens du Royaume, celui qui prépare le plus vîte une nation à sa perte. L'Empereur Charlemagne le pensoit ainsi, lui qui avoit défendu par une Ordonance particulière aux gens de guerre de boire dans le Camp à la santé les uns des autres. Cette invitation Bachique lui paroissoit dangereuse, *d'autant*, dit Etienne Pasquier, *que quand un homme a bu à un autre, il tire cela en obligation, voire le tourne à mépris & injure, si l'assailli ne lui rend la pareille.*

On dit que le Luxe de la table est une marque certaine de la prospérité d'une Nation, à qui tout rit & que tout favorise. Mais je crois que cela mérite quelque réfléxion. Toutes les choses de la vie sont disposées de manière qu'elles croissent jusqu'à un certain point, & qu'ensuite elles commencent à décroître: de de manière que la ligne qui sépare le dernier accroissement & le prémier décroissement est imperceptible. Ainsi, ce qu'on appelle la prospérité d'un Etat, pourroit bien être le tems de sa décadence, ou du moins le tems où naissent les troubles & les desordres qui doivent l'affoiblir. On en voit un exemple célèbre dans l'Histoire Romaine. Jamais la République n'avoit été plus agitée que pendant la Dictature de Sylla, jamais l'autorité n'avoit été plus despotique ni le pouvoir plus arbitraire. Cependant le Luxe, loin de se rallentir, se soutenoit comme au milieu de la paix & de l'abondance. Sylla porta une Loi somptuaire. Mais ce qu'il y avoit de surprenant, c'est que la Loi ne retranchoit point la magnificence des repas, & ne mettoit point un frein à l'avide & folle intempérance : elle se contentoit seulement de diminuer le prix des denrées qui servent à la bonne chère. Et parmi ces denrées, qu'il s'en trouve de délicates, d'une recherche curieuse, & qu'à peine on connoit aujourd'hui! Que des poissons rares! Que d'oiseaux plus rare encore! Quelle espèce de Loi somptuaituaire étoit-ce donc, que la Loi portée par Sylla? Il ne ſauvoit point les mœurs, il les corrompoit au contraire davantage, il rendoit plus communes toutes les amorces du goût, & mettoit chacun en état de ſe procurer des plaiſirs à peu de fraix. En vérité, c'eſt pouſſer le Luxe à bout, que d'avoir gratuitement ou preſque gratuitement tout ce que le Luxe offre de plus exquis. Quel ſiècle a réellement été plus malheureux, quoique fertile en toutes ſortes d'excès, que celui de Sylla?

Les mœurs, une fois dépravées dans un Etat, ne ſe rétabliſſent plus, ou ne ſe rétabliſſent que très rarement. On juge bien que le Luxe de la table ne fit qu'augmenter depuis la Dictature de Sylla, & que la facilité applaudie de ſe livrer aux voluptés de toute eſpèce, les rendit comme néceſſaires à une ville où abondoient des hommes de tant de caractères différens, où la Vertu n'étoit plus en honneur ni en crédit, où l'on ſe trompoit mutuellement & ſans garder aucune bienſéance, où la fureur d'accumuler des richeſſes les unes ſur les autres, & de les acquérir par les voies les plus

plus criantes, étoit poussée à l'extrème. *Ibi sunt*, pouvoit-on dire avec Pétrone, *& cadavera quæ lacerantur & corvi qui lacerant.* Au milieu de tous ces desordres, quelques Magistrats, sensibles au devoir de leurs charges, publiérent des Loix somptuaires. C'étoient comme les derniers soupirs de la Vertu expirante parmi les Romains. Un de ces Magistrats, en publiant la sienne, se condamna à n'aller jamais manger en ville, de peur, disoit-il, de voir impunément violer la Loi qu'il avoit portée : *ne testis fieret contemptæ legis quam ipse bono publico pertulisset.* Mais ce qui parut ridicule aux yeux mêmes des Romains, tout corrompus qu'ils étoient, ce fut l'audace du Triumvir Marc-Antoine, qui fit des réglemens sévères contre le Luxe de la table, lui qui portoit ce Luxe au-delà de toutes les bornes, voluptueux par goût & par ostentation; lui qui employoit des sommes considérables pour se faire admirer des convives qu'il rassembloit chez lui, & pour leur offrir tout ce que la terre, les mers les plus éloignées, & même l'air renfermoient de plus rare & de plus exquis : *Quidquid mari, aut terrâ,* *aut etiam cœlo gigneretur, ad ſatiandam ingluviem ſuam natum exiſtimans.*

L'Auteur du Livre intitulé, *Préſages de la décadence des Empires*, met le Luxe de la table au nombre de ces Préſages ; & il ajoute que pour bien connoître le génie qui règne à la Cour d'un Prince, quelque puiſſant, ou quelque foible qu'il ſoit, deux choſes méritent d'être examinées : les opinions qu'ils favoriſe : & l'eſpèce de Luxe qui lui revient davantage, & qu'il inſpire à ſes Menins, à ceux qu'il honore de ſon amitié. Combien donc eſt-il à ſouhaiter que les Loix ſomptuaires, anciennes & nouvelles, ſe rétabliſſent en France, & que les ſages Magiſtrats à qui il appartient de faire obſerver ces Loix, y veillent avec la dernière exactitude ! C'eſt alors qu'on dira véritablément, & ſans craindre aucun reproche : *Leges bonæ ex malis moribus procreantur.*

Le Luxe des habits eſt auſſi exceſſif parmi nous que celui de la table, & je ne m'en étonne point. La France eſt aujourd'hui le Pays du faſte & de la décoration. Les mœurs ſimples, & conformes à la nature, en ſont bannies. L'air de de décence & de modeſtie y eſt mépriſé, & on veut à ſa place je ne ſai quoi d'inſolent & d'audacieux, une contenance de Petit-Maitre. Chacun aſpire à un rang plus élevé qu'il ne doit, chacun s'applique à paroitre plus qu'il n'eſt, & à faire plus de dépenſe, à mener un plus grand train qu'il ne peut. On trompe: on eſt trompé. Ce n'eſt point l'Homme qu'on cherche en France, ce n'eſt point à lui qu'on s'attache; c'eſt une eſpèce de Fantôme orné d'une certaine manière, & plié ſuivant la mode & ce qui ſe nomme le bel uſage; c'eſt un maſque, un Acteur de théatre, qu'on demande & ſur lequel on jette les yeux.

L'homme d'eſprit, l'homme de mérite échape preſque toujours, tandis que celui qui ne s'occupe que de ſon extérieur, eſt remarqué; & s'ils s'apperçoit qu'on ne le remarque pas aſſez promptement, il en avertit.

Sur ce tableau, on juge ſans peine que le François eſt curieux de ſa parure & de la manière de ſe mettre. Ce qui le flatte davantage, c'eſt un maintien impoſant, c'eſt une envie conſtante de briller: & pour cela, rien ne lui coû-

coûte, rien ne l'arrête, il se porte à toute sorte de dépense. De-là tant de changemens d'habits, tant de parures bizarres & souvent ridicules: de-là ce flux continuel de modes, ces bagatelles étudiées, ces niaiseries tournées en choses importantes. *Quelle folie*, dit Mezerai, *quelle vraie folie! Quelle plus grande marque d'ignorance & de legereté!* Il parloit ainsi à l'occasion des Gentilshommes François, qui ayant toujours été fort sobres & fort modestes en habits, s'avisérent sous le Roi Jean, célèbre par ses imprudences, de s'orner de pierreries comme des femmes, & de porter sur leurs bonnets des aigrettes & des bouquets de plume.

J'ai remarqué que plus les règnes ont été forts & sérieux en France, plus on y a été occupé de grandes choses, & moins le Luxe des habits a eu la vogue. Tout au contraire, plus les règnes ont été foibles & amortis, plus le Luxe a triomphé; & avec ce Luxe qui d'abord inonde tout, plus il y a eu de gens d'Affaires entrainés par une folle avidité, plus de Fermiers-Généraux qui ont tyrannisé les peuples, enfin, plus de dissipaſipation des Finances de la part du Prince. Le règne de Henri III. en eſt une preuve éclatante. Tandis que les Courtiſans s'amuſoient à des Jeux bas & puériles, qu'on ſe partageoit entre les débauches outrées & les dévotions extérieures & de parade, entre les voluptés prolongées bien avant dans la nuit, & des eſpèces de maſcarades Eccléſiaſtiques pendant le jour, le Luxe des habits n'eut aucunes bornes. *Aux noces de Joyeuſe*, dit Mezerai, *tous les conviés changerent d'habits ſi riches & ſi précieux, que les draps d'or & d'argent n'y avoient point de luſtre. Il y en avoit qui coutoient dix mille écus de façon. Enfin la dépenſe y fut ſi prodigieuſe, que le Roi pour ſa part ſeulement n'en fut pas quitte à moins de quatre millions.*

Cependant, ſous un règne ſi dépravé, dans un tems *où la corruption étoit telle que les farceurs, bouffons, femmes de mauvaiſe vie & mignons avoient tout le crédit auprès du Roi*, on ſe moquoit de ces grandes profuſions en habits. Mais celui qui le fit avec le plus d'eſprit, étoit Buſſi d'Amboiſe. Dans une Fête que donna le Roi *deſeſpérément brave, friſé & gan-*

deronné, & où ses jeunes mignons étoient autant ou plus braves que lui, Bussi d'Amboise parut habillé tout simplement & modestement, *mais suivi de six Pages vêtus de drap d'or frisé, disant tout haut, que la saison étoit venue que les bélitres seroient les plus braves.*

Mais comme ce n'est point ici l'Histoire du Luxe des habits que je prétens écrire, je vais au-plutôt me rapprocher du tems présent. Tems heureux! disent les uns, où l'esprit a acquis toute sa perfection; où l'on voit plus distinctement, l'on pense plus finement, l'on raisonne plus conséquemment qu'on n'avoit fait jusqu'ici; où les agrémens répandus rendent la vie si douce & la société si aimable que rien n'en approche. Tems malheureux! disent les autres, où non seulement les vertu, mais encore les bienséances sont dédaignées; où les mœurs ne sont plus que ce que les bizarreries de la Cour en ordonnent; où l'on se croit plus habile, parce qu'on décide plus hardiment; où les bagatelles, le goût des riens, une contenance, une suite de manières étudiées, font l'homme de mérite, ou du moins l'homme à la mode.

Quoi

Quoi qu'il en ſoit, Monſieur, le Luxe des habits eſt un vrai deſordre dans un Etat, dès que ce Luxe va à confondre tous les rangs, & à mettre de niveau ceux que la naiſſance ou les emplois doivent néceſſairement diſtinguer. Les velours par exemple, les droguets & les cannelés de ſoie, ſont devenus ſi communs ces dernières années, qu'on en a preſque honte. La plupart de ceux qu'enivre l'opulence, las de porter un habit, le donnent au bout de quinze jours ou de trois ſemaines à certains domeſtiques privilégiés, leſquels ſe faufilant dans la meilleure Bourgeoiſie, lui inſpirent le goût des étoffes recherchées. C'eſt-là une des cauſes du Luxe. Mais en travaillant à le réformer, je n'ai point la ridicule manie de ces Législateurs qui voudroient déterminer une couleur & une façon d'habits pour chaque état & chaque condition. Tout au contraire, la variété des ajuſtemens, bigarrés à l'infini, fait un des plus beaux ſpectacles des grandes Villes. L'uniformité ennuyeroit & déplairoit à chaque pas.

Une autre cauſe du Luxe, & plus grande encore, c'eſt la fureur qu'ont tous les jeunes gens de vouloir paroitre. Et comme la plupart n'ont pas les moyens de le faire aussi superbement qu'ils le souhaitent, ils contractent des dettes dont ils se ressentent tout le reste de leur vie.

Il y a plus. Accoutumés qu'ils sont à un extérieur brillant, ils conservent le même goût & s'embarrassent peu de cultiver leur esprit ordinairement vuide de pensée, & d'orner leur ame qui paroit se refuser à tous leurs besoins. Aussi voit-on dans l'âge avancé des hommes qui au-lieu de songer à une vertu mâle & généreuse, au-lieu de s'élever à de nobles sentimens, sont plus minces que des femmes, & passent une partie de leur vieillesse avec des Tailleurs, des Brodeurs & d'autres gens de cette trempe. Ils se flatent de réparer à force de parures les rides de leur visage suranné & presque moisi, & ils n'en sont que plus ridicules.

On dira peut-être que le Luxe des habits entretient les Manufactures & hâte la consommation, soit des étoffes de laine & de soie, soit des draps d'or & d'argent, qu'on demande de toutes parts. Plus de gens se livrent au Luxe & s'y livrent sans aucun ménagement, plus l'industrie est aiguisée, plus l'amour du gain augmente. A cela je répondrai deux choses. La prémière, que toutes nos Manufactures, par le génie même de la Nation qui n'est que trop connu, ont une destinée malheureuse. D'abord, elles se piquent d'arriver à une certaine perfection, & de profiter de l'empressement déclaré qu'a le public pour toute nouveauté. Cette perfection acquise, les Manufactures accréditées dégénèrent, & cela d'autant plus vîte que la consommation est plus grande. Car en France, dès qu'une marchandise réussit, toute le monde y court. C'est un feu dévorant. Mais bientôt le relâchement, la malefaçon, la fraude s'y melent. A leur suite, marche une décadence générale.

Ainsi, les Manufactures du Languedoc se sont perdues, & le commerce du Levant nous a été pour la plus grande partie enlevé par les Anglois. Ces Manufactures fournissoient seules des draps de toutes couleurs dans les Echelles du Levant, & le débit en étoit si promt, le gain si assuré, qu'on se mit à les travailler avec moins de soin. On ne doutoit point que les Turcs, accoutumés aux étoffes de France, ne continuassent à s'en servir, & on les crut assez dépourvus de sens pour ne pas s'appercevoir de la qualité inférieure des draps qu'on leur portoit. Au relâchement succéda la malefaçon, & à la malefaçon la fraude & l'imposture ; de sorte que les Anglois, plus fins & plus adroits que nous, se sont attirés ce commerce, qu'ils soutiennent avec beaucoup d'exactitude & de bonne-foi. En général, les François sont accusés d'infidélité dans tout le commerce qu'ils font avec les Pays étrangers. Aussi les craint-on justement par-tout : on ne peut se fier ni à leurs Montres ni à leurs Factures. Les Espagnols si souvent trompés auroient bien lieu de parler, eux qui aiment encore mieux traiter avec les Anglois, quoique leurs ennemis déclarés, que d'avoir affaire aux François, malgré l'union politique des deux Couronnes.

L'autre inconvénient qui nait du Luxe des habits, c'est que les bonnes Manufactures du Royaume, les Manufactures utiles, s'abâtardissent & se perdent enfin pour d'autres Manufactures moins utiles, & qui méritent moins d'être conservées. C'est ainsi que les draps diminuent tous les

les jours de qualité, à mesure que les velours & les droguets de soie ont pris faveur, non-seulement ceux fabriqués dans le Royaume, mais encore ceux qu'on y introduit par fraude, comme les velours de Gènes. C'est ainsi que les étoffes de soie, les Gros de Tours, ont été peu à peu négligés par le débit augmenté des damas & des satins de Lyon qui étoient de venus à la mode, & qu'on recherchoit de préférence.

On s'apperçoit au prémier coup d'œil, que si les hommes exagèrent le Luxe des habits, les femmes l'exagèrent encore davantage. *Virorum hoc animos vulnerare posset. quid muliercularum, quos etiam parva movent?* Esclaves de toutes les modes, elles les suivent ou les parcourent toutes. *La façon de se vêtir présente,* comme parle Montagne, *leur fait incontinent condamner l'ancienne, d'une résolution si grande & d'un consentement si universel, que vous diriez que c'est quelque espece de manie qui leur tourmente ainsi l'entendemet. Parce que les changemens sont si subits en cela, que l'invention de toutes les tailleuses du monde ne souroit fournir assez de nouveautés, il est force que les mo-*

des méprisées reviennent en crédit, que celles-là même tombent en mépris tantôt après, & qu'un même jugement prenne en l'espace de 15. ou 20. ans non diverses formes & opinions seulement, mais contraires, d'un inconstance, & d'un légèreté incroyable.

Voilà une foible esquisse des bizarreries & des disparates de la Mode, de cette Reine imp: rieuse qui gouverne tout en France, habillemens, meubles, ouvrages d'esprit, mœurs, sentimens, religion même. Mais si son pouvoir est par-tout bien grand, il l'est encore plus en cè qui regarde le Luxe. Combien, pour satisfaire à notre inconstance naturelle, ne faut-il pas de formes différentes d'habits, de meubles différens? Combien d'étoffes de soie, de tissus d'agrémens, de dentelles d'or & d'argent, qui naissent, renaissent & meurent tour à tour? Il semble que chaque lustre un nouveau peuple, un peuple étranger, vient s'établir en France, & qu'il ne resemble ni de mœurs ni d'habits, à peine même de visage, au peuple qui l'a dévancé, au peuple qu'il remplace.

A l'égard du Lux que les femmes savent

vent toujours rafiner & quelles portent peu à peu à l'extrême, j'ose assurer d'après Mezerai *qu'il commença sous le regne de François I. quil se rendit presque universel sous celui de Henri II. & se déborda enfin jusqu'au dernier point sous Charles IX. & sous Henri III.* On sait quels progrès il à faits depuis. Mais pour ne parler ici que de François I. on remarque que ce Prince, qui avoit beaucoup de goût pour toutes les choses d'éclat & qui aimoit fort à faire montre de sa puissance & de sa grandeur, attira les Dames à sa Cour, persuadé, comme dit, Mezerai, *que tout ce beau monde rehausseroit l'éclat de ses pompes, joint qu'il étoit d'inclination amoureuse. Du commencement cela eut de fort bons effets, cet aimable sexe y ayant amené la politesse & la courtoisie, & y donnant de vives pointes de genérosité aux ames bien faites.* Mais les mœurs s'étant depuis corrompues, *ce qui étoit une belle source d'honneur & de vertu*, devint l'amorce de tous les vices & le prix de toutes les lâchetés.

La troisième branche du Luxe est d'un détail infini. Elle comprend les équipages, les livrées, les ameublemens qui changent chaque jour, enfin, *toutes ces*

ma-

magnificences, comme dit Mezerai, *que le luxe invente & que Paris, le théatre des merveilles, admire avec respect, & convient toujours n'avoir jamais rien vu de semblable.* Elle comprend encore tous ces petits meubles, tous ces bijoux d'or & d'argent, gravés, ciselés, damasquinés, artistement travaillés, dont en général les François sont si curieux, & parmi les François encore, ce qu'on appelle le beau monde. Et n'allez pas croire quil n'y ait de ce beau monde qu'à la Cour & à Paris. Toutes les villes de Province en ont à leur manière, les unes plus, les autres moins. Le Clergé lui-même a son beau monde; jeunes Abbés lestes & galans, qui ne songent qu'à plaire aux Dames & ne s'usent point sur les bancs de l'école; Chanoines gras & bien nourris, promts à se réjouir, & lents à se rendre aux Offices prescrits; Evêques enfin qui ignorent la résidence dans leurs Diocèses, & s'endettent pour briller dans la Capitale. Il est certain qu'avant le règne de François I, on ne voyoit point à la Cour ni à Paris, tout ce ramas de gens d'Eglise, qui n'y ont d'autre occupation que de plasir, & l'amusement des autres. *Si ce fut un grand*

Roi,

Roi, dit Brantome, *on ne peut s'empêcher de le blâmer de deux choses qui ont apporté plusieurs maux à la Cour & en France, non seulement pour son règne, mais pour celui des autres Rois ses successeurs ; l'un pour avoir introduit en la Cour les grandes assemblées, abord & résidence ordinaire des Dames ; & l'autre pour y avoir appellé, installé, & arrêté si grande affluence de gens d'Eglise.*

Or tout ce qu'on appelle le beau monde est friant de bijoux, qui de Paris se répandent dans tout le reste du Royaume : bijoux dont la mode change deux ou trois fois l'année. Chacun avec ardeur tâche d'en avoir : chacun se félicite d'en être nanti. C'est un empressement, un air de galanterie, de se les montrer les uns aux autres. Une tabatière, une canne d'un goût nouveau paroit-elle ? tout le monde en demande. On rougit presque de n'être pas des prémiers, à qui des meubles si jolis aient été présentés. On se plaint de n'en avoir point eu la premier. On s'accuse de peu de goût, de peu d'invention.

Tout cela regardé d'un certain biais ne paroit que des bagatelles. Mais qu'est-ce ce que le Luxe, ſinon une ſuite de bagatelles métamorphoſées en choſes de conſéquence ? Changer la forme de ſes habits & de ſes meubles tous les ſix mois, ne ſemble au fond qu'un jeu, qu'un frêle amuſement. Rien cependant ne marque plus l'inconſtance & la légèreté d'une Nation trop avide de ce qui eſt nouveau, & in capablé de ſe fixer. Rien ne marque plus le goût de cette même Nation pour le frivole, pour l'apparent, pour une certaine décoration extérieure. Et combien un pareil caractère ne donne-t-il pas lieu à des dépenſes inutiles & ſuperflues, au Luxe en un mot qui a paſſé toutes les bornes ? Ce Luxe eſt encore autoriſé, tant par les fortunes immenſes & ſubites qu'on fait dans le Royaume, que par l'opulence mal réglée de tous ces hommes nouveaux qui paroiſſent tout-à-coup ſur la ſcène, & qui le plus ſouvent ſortent de la plus baſſe origine. C'eſt les ménager, que de ne point parler de leur naiſſance, ni de leur éducation.

Je ſuis avec les ſentimens les plus diſtingués, Monſieur &c.

EXA-

EXAMEN
DU IX. CHAPITRE
DE L'ESSAI POLITIQUE SUR LE COMMERCE,

Lequel renferme une espèce d'Apologie du Luxe.

Raro & per pauca loquentis.

I.

„ NOus voilà conduits à la matière „ du Luxe & de ses ouvriers, „ l'objet de tant de vagues déclamations, „ qui partent moins d'une saine connois- „ sance, ou d'une sage sévérité de mœurs, „ que d'un esprit chagrin & envieux.

L'Auteur de *l'Essai Politique sur le commerce* suppose sans preuve, que ceux qui com-

combatent le Luxe, ne le font que par une rigueur mal-entendue, ou par une austérité de mœurs portée trop loin, Je pense au contraire que le vrai motif qui les anime, est l'amour du bien public, cet amour si ignoré aujourd'hui, & qui peut seul engager un honnête-homme à dire librement ce qu'il pense, sans craindre de blesser les oreilles de ces Critiques de profession qui affectent un air difficile, afin de paroitre plus délicats. En effet, comme le disoit Mr. de Thou dans la Préface de sa grande Histoire, on n'aime véritablement sa Patrie, que lorsqu'on attaque les erreurs & les folles prévantions qui s'y répandent avec d'autant plus de vitesse, que personne ne s'y oppose.

II.

„ Si les Hommes étoient assez heu-
„ reux pour se conduire par la pureté
„ des maximes de la Religion, ils n'au-
„ roient plus besoin de Luxe. Le devoir
„ serviroit de frein au crime & de motif
„ à la vertu, &c.

Hé quoi! parce que les Hommes, aveugles sur leur intérêts propres, & peu tou-

touches de ce qui doit faire leur bonheur, s'écartent de la Religion, faut-il établir des principes qui rendent inutiles les grands sentimens que cette Religion inspire? Tout au contraire, ne doit-on pas les y ramener par des insinuations douces & adroites? Ne doit-on pas leur faire sentir que la source de toutes les Loix est dans la Religion naturelle, accrue & fortifiée par la Religion révélée; enfin, que Dieu n'a rien prescrit à l'homme que ce qui pouvoit convenir à un Etre qu'il a lui-même créé raisonnable?

III.

„ Le Militaire n'est valeureux que par
„ ambition, & le Négociant ne travail-
„ le que par cupidité.... Le Luxe leur
„ devient un nouveau motif de travail.

La Nation Françoise, déja assez avilie par tant de circonstances malheureuses, le seroit bien davantage, si ce que dit ici l'Auteur de *l'Essai sur le commerce* étoit vrai. Un Militaire, homme de condition & plein de courage, ne prend le parti des Armes que parce que ce parti, le plus noble de tous, est son élément. Il n'a n'a point d'autre profession à embrasser. C'est la sienne. Les uns s'y avancent, les autres se retirent au bout d'un certain nombre de Campagnes. Mais en vérité, ils ne songent point tous à vivre dans le Luxe ; ce ne fut-là jamais leur but. La plupart même se ruinent, & obligés ensuite de vivre avec une médiocre pension, ils trainent une vieillesse languissante & dénuée de tous secours. A l'egard des Négocians, ils travaillent pour se mettre à leur aise, pour se procurer les commodités de la vie, pour bien établir leur famille. Il est vrai que plusieurs d'entre eux aiant fait une fortune rapide & peu méritée, se livrent souvent au Luxe, & s'y livrent sans aucun ménagement. Mais qu'en arrive-t-il ? leur ruine totale, des banqueroutes frauduleuses, plus communes encore en France que par-tout ailleurs.

IV.

„ Le Luxe est une somptuosité extraordinaire, que donnent les richesses & la sécurité d'un Gouvernement ; „ c'est une suite nécessaire de toute Société bien policée. Re-

Retranchons le mot de Luxe, & disons que l'abondance est la véritable marque d'un Gouvernement bien réglé, d'une Société où règne une sage Police. Qu'on laisse l'autorité due aux Loix, sans les gêner par des surséances & des évocations odieuses; qu'on entretienne une Police qui embrasse également toutes les conditions, qui s'étende sans faveur à tous les états, qui soulage les misères humiliantes des pauvres, & réprime les libertés indiscrettes des opulens & des riches; on verra règner l'abondance, qui comme une eau fertile se répandra par-tout. Mais que les Loix soient renversées, que la Police affoiblie ne s'observe plus, on verra diminuer l'abondance, & le Luxe prendre sa place: on verra de folles profusions en choses indécentes, des dépenses qui loin d'augmenter la félicité publique, sembleront en quelque manière une insulte faite aux mœurs, au goût, à la raison.

V.

„ Des bas de soie étoient Luxe du
„ tems de Henri second, &c.

Quoi

Quoi qu'on en dise, les bas de soie n'étoient pas alors Luxe, mais une chose chère : ce qu'il faut bien distinguer. On sentoit parfaitement au milieu d'une Cour aussi voluptueuse, & en meme tems aussi fine, que celle de Henri II., combien il étoit à souhaiter que l'usage de la soie devînt plus commun : mais en attendant, peu de personnes y pouvoient porter la main. Quand au commencement du dernier siècle, graces aux attentions bien-faisantes des Jésuites, la prise de Quinquina valoit cinquante francs, étoit-ce un Luxe d'y avoir recours pour chasser la fièvre ? Il falloit seulement être riche.

VI.

„ Lorsqu'un Etat a les hommes né-
„ cessaires pour les terres, pour la guerre
„ & pour les manufactures, il est utile
„ que le surplus s'emploie aux ouvrages
„ du Luxe.

Je doute 1. que quand les terres seront bien cultivées, les troupes complettes, les manufactures remplies d'ouvriers, il y ait des hommes de surplus dans un Etat

Etat tel qu'il soit. 2o. En supposant même qu'il y ait des hommes de surplus, manque-t-il d'ouvrages publics où l'on puisse les employer ? de nouveaux chemins à applanir, des ponts à batîr, des hôpitaux à relever, des communications de rivières à pratiquer? Toute la ressource est donc le Luxe, on ne peut autrement éviter l'oisiveté! Est-ce là parler en Législateur?

VII.

„ Dans quel sens peut-on dire que le
„ Luxe amollit & dégrade une Nation &c ?

Il me paroit que c'est dans le sens le plus simple & le plus naturel. Le Luxe conduit à tous les excès, puisqu'il est lui-même un excès. C'est le rafinement de l'abondance. C'est un ajouté souvent ridicule à l'utilité, au commode, à l'agréable que peuvent donner les richesses.

VIII.

„ Lorsque dans les dernières guerres
„ nos Armées ont été battues, il y ré-

„ gnoit

„ gnoit bien moins d'abondance que dans
„ le tems brillant de nos victoires. Le
„ Luxe est en quelque façon le destructeur
„ de la paresse & de l'oisiveté.

J'avoue que dans le tems de nos prospérités, lorsque nous donnions la loi à toute l'Europe soumise & intimidée par le bruit de nos armes, j'avoue, dis-je, que l'abondance règnoit parmi nos troupes. Elles étoient bien payés, bien nourries, bien vétues, Les Généraux attentifs respectoient la vie des hommes, & ne les exposoient qu'à propos. Que les choses ont changé depuis ! Nos troupes réduites aux dernières extrémités, transies de froid, manquant de pain, sacrifiées par des Officiers ignorans ou téméraires, ont été battues. Certainement, le Luxe n'y avoit point de part, Mais il n'en étoit pas ainsi par rapport aux Officiers. Ils avoient tous des chaises de poste, tous des fourgons, un grand nombre de domestiques. Leurs tables étoient servies délicatement. Le moindre Officier avoit une toilette à l'Armée, une robe de chambre. C'étoit-là le triomphe du Luxe. Mais il faut passer vîte sur des choses si odieuses, & oubliant ce qui est

est honteux à la Nation, tâcher d'imiter ce qui se pratiquoit sous le grand Condé, sous l'attentif & l'exact Turenne, sous le févère Catinat.

IX.

„ **Le Luxe d'une Nation est restreint** „ à un millier d'hommes, rélativement à „ vingt millions d'autres non moins heu- „ reux qu'eux, lorsqu'une bonne Police „ les fait jouïr tranquillement du fruit de „ leur labeur.

Il me paroit que le Luxe & la bonne Police sont deux choses incompatibles. Elles se chassent, se détruisent mutuellement. L'Auteur de l'*Essai sur le Commerce* confond toujours le Luxe avec l'abondance, qui est véritablement la suite d'une bonne Police & son principal objet. Cette Police veut que tout le monde soit heureux sous un Gouvernement sage & modéré, que tous les Citoyens contribuent suivant leur industrie & leurs facultés au bien public. Mais elle ne veut pas que quelques-uns d'entre eux se ruinent en folles dépenses, & insultent en quelque manière aux autres. Cela ne peut causer que haine & jalousie.

X.

„ C'est peut-être le Luxe qui a banni des Villes & de l'Armée l'yvrognerie, autrefois si commune, & bien plus nuisible pour le corps & l'esprit.

Chaque vice, chaque défaut a son tems, On veut aujourd'hui des liqueurs quintessenciées, des feux agréables & brulans. Il y a des Provinces où l'on s'enyvre encore : il y en a d'autres où l'on se pique un peu plus de sobriété. Dans les campagnes, presque tous les Gentilshommes oisifs sont adonnés au vin. La chasse remplit les intervalles que les plaisiers de la table laissent vuides. Mais qu'on ne s'y trompe point, tout à peu près revient au même.

Suum quemque decet. Quibus divitiæ domi sunt, scaphio & cantharis
Batiolis vivunt : at nos nostro Samiolo poterio,
Ut ut est, vivimus.

XI.

XI.

„ Le vague ſe trouvera toujours dans „ la Politique, lorſqu'elle ne ſera point „ ramenée à ſes principes ſimples & gé- „ neraux, qui ſont ſuſceptibles de toute „ la démonſtration que La Morale peut „ comporter.

Il ne faut, pour condamner le Luxe, que ces deux choſes; recourir aux prémiers principes & de la Morale & de la Politique, qui ſe prêtent mutuellement la main. Ces principes, reunis & combines enſemble, font voir combien le Luxe eſt pernicieux, D'un côté, la Juſtice en es bleſſée, on manque à la *bienfaiſance* dûe aux autres hommes: de l'autre, on nuit à la Société, en tournant à des bagatelles, des depenſes qui ſeroient mieux employées à des choſes utiles & eſſentielles. C'eſt-la l'effet du Luxe.

XII.

„ Lorſque dans les dernières guerres, „ les Armateurs des Villes maritimes re-

„ venoient, chargés des dépouilles enne-
„ mies, étaler leur opulence par des pro-
„ fusiones extraordinaires, c'étoit le lende-
„ main à qui feroit de nouveaux armemens,
„ dans l'esperance de gagner dequoi faire
„ les mêmes dépenses. C'est à ce motif
„ que nous devons les grands services qu'ils
„ ont rendus à l'Etat, & les actions éton-
„ nantes des Flibustiers.

L'Auteur de l'*Essai sur le Commerce* n'est pas fort instruit de ce qui regarde les armemens en course, & les voyages de la mer du Sud, Il est vrai que quelques intéressés tant à ces voyages qu'à ces armemens, les Voluntaires, les Officiers subalternes, se sont portés à des dépenses extravagantes. Mais tous n'ont point agi de la même manière, heureusement pour eux, plus heureusement encore pour le bien du Royaume. Qu'on le demande à Saint malo, à Nantes, à Bordeaux, à Bayonne. Le Luxe n'a détruit que les fous; les sages ont ménagé leurs fonds pour continuer leur commerce, ou faire de nouveaux armemens. S'ils s'étoient oubliés par vanité, ou par amour du plaisir, bientôt leur ruine totale s'en seroit ensuivie. Un plaisant mo-

tif

tif que le Luxe, pour rendre des hommes utiles à un Etat! Je croirois au contraire que ce motif les y rendroit moins propres. A l'égard des Flibustiers, l'exemple est offensant, C'étoient des malheureux sans loi, sans mœurs, sans aucune probité, que la débauche avoit rassemblés, & qui sacrifioient à cette même débauche les dépouilles qu'ils enlevoient aux Espagnols. C'étoient des voleurs extrêmement braves, des incendiaires pires que les Gots échappés des plages du Nord, & qui ravageoient inhumainement tout ce qui s'offroit à leurs yeux.

XIII.

„ Le somptueux Lucullus, encore
„ plus grand Capitaine & aussi juste que
„ Caton, fut toujours libéral & bien-
„ faisant.

Ce n'est pas ici le lieu de comparer Lucullus & Caton : le parallèle seroit déplacé. Il suffit de dire que le prémier fut accusé d'avarice & d'une sévérité outrée, tant qu'il commanda les Armées. Rendu ensuite à lui-même, content de mener une vie privée, il se jetta dans des profusions inouïes. Cicéron, qui vivoit familièrement avec lui, disoit pour le disculper, qu'il étoit juste que Lucullus rendît à la République par ces magnificences, les richesses qu'il avoit amassées par son avarice sordide.

XIV.

„ Qu'importe à l'Etat, qu'une sotte
„ vanité ruine un particulier envieux de
„ l'équipage de son voisin ? C'est la pu-
„ nition qu'il mérite, & l'ouvrier plus esti-
„ mable que lui s'en nourrit.

Si ce particulier étoit isolé, peut-être que sa ruine importeroit peu à l'Etat, Mais s'il est marié, s'il a des enfans, tout l'Etat a intérêt d'empêcher sa ruine. En effet, par ses folles dépenses, sa femme est exposée à des perils qui doivent allarmer la vertu ; ses enfans sont privés de l'education qu'il leur doit, & au-lieu de devenir de bons citoyens, deviennent des hommes pervers, ou des oisifs incapables d'aucune profession honnête. Et cette considération ne doit-elle pas suffire, pour engager ceux qui en ont le pouvoir, à diminuer les effets du

Lu-

Luxe, & à balancer continuellement les moyens par où une famille s'enrichit, se procure des biens utiles, & ceux par où elle s'appauvrit & tombe en décadence? On ne sauroit par conséquent donner de trop grandes louanges à l'œconomie & à la frugalité. Elles suppléent à ce qui manque du côté des revenus: elles maintiennent les familles, & pour tout dire les Etats, qui sont un vaste composé de familles.

XV.

„ Pourquoi se récrier sur tant de fol-
„ les dépenses? Cet argent gagné, dans
„ le coffre de l'homme somptueux, seroit
„ mort pour la Société.

Je crois que l'argent employé à de folles dépenses, n'a pas une vie plus réelle que l'argent enseveli dans un coffre. Il ne procure point la consommation, qui regarde tous les citoyens: il procure seulement le Luxe, qui se borne à un petit nombre de gens. C'est donc à ceux qui président aux divers besoins de la Société, de proposer des motifs qui annoblissent les dépenses de l'homme somptueux:

& comme tout eſt mode parmi nous, que les François prennent volontiers le ton les uns des autres, je juge qu'on viendroit aiſément à bout de les corriger du Luxe, au moins de celui qui *eſt porté au plus haut point, & même au ridicule*, ainſi que l'Auteur de l'*Eſſai ſur le Commerce* eſt obligé d'en convenir. Les perſonnes en place n'ont qu'à donner l'exemple : on s'y conformera. *Obſequium inde, & æmulandi amor, validior quam pœna ex legibus & metus.*

XVI.

„ Les hommes ſe conduiſent rarement
„ par la Religion, C'eſt à elle à tâcher
„ à détruire le Luxe, & c'eſt à l'Etat
„ à le tourner à ſon profit ; & lorſque
„ nous avons parlé des vaines déclama-
„ tions, ce n'eſt point de celles de la
„ Chaire, où les abus des particuliers ſont
„ juſtement foudroyés ; mais de celles
„ qui nous ſont communes avec les Satires
„ des Paiens.

Si la Religion conduit rarement les hommes, c'eſt en partie leur faute, en partie celle des Légiſlateurs & des perſonsonnes qui gouvernent. Leur conduite peu ménagée, la vie voluptueuse qu'ils mènent, la fausseté des Principes sur lesquels est appuyée leur Politique, font plus de mal que la Religion ne peut faire de bien. *Non tam imperio nobis opus est, quàm exemplo.* Mais loin de l'abandonner pour cela, il faut au contraire tâcher d'y porter efficacement les hommes, il faut leur inspirer les grands principes : & je suis convaincu que dans le détail, on les trouveroit plus souples & plus dociles qu'on ne pense. D'ailleurs, les Satires ingénieuses des Paiens contre le Luxe, marquent parfaitement que la Raison seule suffit & pour le condamner, & pour s'assurer par soi-même que c'est la plus grande plaie que puisse recevoir un Etat.

XVII.

„ Le Luxe ne doit pas être confon-
„ du avec l'usage des marchandises des
„ Indes défendu par le Conseil du Com-
„ merce, Car c'est moins par leur ri-
„ chesse, que pour la consummation d'é-
„ toffes encore plus riches de nos Manu-
„ factures.

Les étoffes des Indes ſont fort audeſſus des nôtres. Leurs couleurs ſont plus vives & plus diverſifiées, que les couleurs des étoffes qu'on fait en France. On a aux Indes plus de cent trente nuances différentes de rouge, & à peine en avons-nous onze ou douze, Il y a plus. Les étoffes des Indes ſe lavent & ſe nettoyent ſans peine, elles perdent rarement leur éclat: aulieu que les nôtres ſe terniſſent d'abord & prennent un petit œil gras, ce qui vient du débouilli, ou du défaut des *mordans*. En effet, toutes nos ſoies ſe déteignent facilement, & l'air les mange, Mais comme il eſt à propos de ſoutenir nos Manufactures, rien n'eſt plus ſage que de défendre l'entrée des étoffes étrangères, pour procurer le débit & aſſurer la conſommation des nôtres,

XVIII.

„ Le prix des Sucres & des autres denrées doit ſe ſoutenir, parce que leur „ conſommation annuelle augmente à pro- „ portion de leur produit.

Je ſuis faché que l'Auteur de l'*Eſſai* *ſur*

sur le Commerce ne s'entende pas ici lui-même, Pour le rendre plus clair, & pour nettoyer ses idées, il me paroit à propos de distinguer les denrées qui croissent dans le Royaume, de celles qui viennent de nos Colonies, La consommation des prémières est à peu près fixe, & le produit ne l'augmente point, ou du moins l'augmente très peu. Mais comme le Royaume fournit plus de denrées qu'il n'en peut consommer, c'est une chose nécessaire qu'il en fasse part aux pays étrangers. Toute l'Europe s'en ressent, & la France fertilisée y trouve un commerce réel, un fonds inépuisable malgré les variations qui arrivent ainsi que les plus ou moins de value. Pour les denrées qu'on tire de nos Colonies, comme les Sucres, les Indigo, le Rocou, le Cacao &c. leur consommation n'augmente point à proportion de leur produit, au moins dans le Royaume; & ces Colonies seroient bien malheureuses, si elles étoient fermées aux étrangers, cest-à dire, aux Anglois & aux Espagnols. Eux seuls peuvent les enrichir, & les enrichissent effectivement. On a beau s'opposer à ce commerce, & le défendre par des réglemens en ſecret démentis : il eſt trop lucratif, pour ſouffrir une longue interruption : il ſe reproduit de cent manières différentes.

FRAGMENS

D'UN AUTEUR GREC,

trouvés depuis peu dans la Bibliothéque d'Oxford, & traduits en François.

Multa renascentur.

FRAG-

FRAGMENS D'UN AUTEUR GREC

TRADUITS EN FRANCOIS.

Quelques années après la mort d'Alexandre le Grand, toute la Grèce dévorée par une ambition qui ne connoissoit plus de bornes, se trouva dans une confusion terribile, Le Luxe qui va toujours en augmentant, l'oubli des devoirs les plus essentiels, les dépenses accumulées sans ordre & sans goût, l'amour du bien particulier qui exclud l'amour du bien public, tout en un mot avoit perdu & défiguré les différentes Républiques & les Villes libres dont la Grèce étoit composée, Plus d'union, plus d'harmonie entre elles. Ici, on vouloit la guerre, quoique ruineuse & insensée : on l'alloit porter dans des régions lointaines, sans se ménager des retraites ni des Places de sureté. Là, on préféroit la paix, sans s'embarasser si elle étoit appuyée sur des fondemens solides.

Plus

Plus loin, on languiſſoit dans une crainte baſſe & ſervile : on ſouffroit les affronts les plus cruels, ſans avoir le courage de s'en venger : on ſe contentoit d'excuſes frivoles, au-lieu de recourir hautement à la voie des armes. Plus loin encore, on s'intriguoit, on négocioit frauduleuſement, on ſe trompoit avec art : ce qui eſt toujours le partage des hommes lâches & timides.

Dans ce renverſement général de toutes les Loix que la ſageſſe des Grecs avoit autrefois établies, & qui faiſoient la ſureté réciproque de ceux qui gouvernoient & de ceux qui étoient gouvernés, Athènes paroiſſoit comme un vrai ſquélète. Il n'y avoit plus de pratiques de Religion reſpectées, ni de bienſéances obſervées, ni de vertus récompenſées. Tous les rangs étoient détruits. La confuſion règnoit dans les familles, & elles ne connoiſſoient plus ces ſecours obligeans & mutuels qui les ſoulageoient auparavant, Des étrangers ſortis à peine de l'eſclavage, encore flétris du fer chaud qui les avoit marqués, occupoient une partie des prémières places & faiſoient les importans, On avoit oublié la maxime de Philippe & d'Alexandre, qu'il faloit chercher des hommes propres aux emplois,

&

& non pas des emplois pour les hommes. Ceux qui avoient été occupés par Léonidas, par Calliclès, par Ariſtide, l'étoient alors ou par des gens vils & ſans talens, ou par de jeunes corrompus, ſans mœurs & ſans aucune apparence de probité, ou par des mercenaires qui s'étoiens avancés à prix d'argent, & qui traſiquoient ſans choix & ſans meſure de toutes les graces qui dépendoient d'eux.

Les Collèges des Pontifes, principalement des Pontifes qui étoient conſacrés à Minerve la bonne conſeillère, à Apollon de Délos, à Hercule le Dieu fort, à la Fortune des Grecs, avoient perdu tout leur crédit & toute leur conſidération. On ne les regardoit plus que comme des lieux où une molle négligence avoit ſuccédé à la ſévérité des mœurs, l'eſprit de fraude & d'accommodement à l'amour exact de la vérité, de puériles obſervances aux anciens rits de la Religion des Grecs; où l'on n'oſoit penſer ni par ſoi-même, ni pour ſoi-même; où l'on recevoit lâchement le ton de ceux à qui on devoit hautement le donner. Ces Pontifes d'ailleurs, desaccoutumés d'une vie ſobre, frugale & ſédentaire, ne reſpiroient qu'ambition & qu'avarice,

varice, ſacrifioient tous les égards de leur condition véritablement reſpectable, aux préjuges de ceux qui pouvoient les enrichir & augmenter leurs revenus. Ce qui étoit d'autant plus triſte, que la bonne conduite des Prêtres en général peut faire autant de bien à un Etat, que leur mauvaiſe conduite, exposée à tous les yeus, lui peut faire de mal.

L'Aréopage ou le Conſeil général d'Athènes, au-lieu d'hommes graves, ſérieux, pénétrés de l'amour de la juſtice & incapables de s'en écarter, n'offroit preſque plus que des jeunes-gens dont le caprice régloit & la forme & le fond des jugemens qui s'y rendoient. Auſſi voyoit-on en moins de huit jours des decrets & des ordonnances contradictoires. Les Citoyens indigens étoient rebutés, ils réclamoient en-vain l'autorité génée & reſtreinte des Loix : tout étoit fermé à leurs cris, tous étoit ſourd à leurs plaintes, preſque auſſi mépriſées qu'inutiles. Les riches au contraire opprimoient ſans rien craindre ; ils plioient les Juges dociles & intimidés, ſouvent ſuſceptibles d'un certain appas de gain, à leurs volontés particulières. Quelques-uns de ces Juges ſentoient toute la ſervitude où ils étoient livrés:

livrés : mais ils n'osoient point faire un généreux effort pour s'en dégager. Et d'ailleurs, ce n'est plus aujourd'hui * le tems de dire ce qu'on pense, ni de penser ce qu'on doit. Il faut être lâche & flateur.

Les hommes de guerre sont aussi dégradés que les autres états de la République : ils n'ont plus le génie qui leur est propre : ils se dispensent des formalités que les Loix ont établies, & se mettent au-dessus de ces Loix mêmes, pour se comporter avec toute licence : ils perdent les plus belles occasions de combattre, par l'usage où ils sont de passer une partie du jour à table & toute la nuit dans leur lit. Ils ne savent rien prévoir ni rien préparer de loin, faute de certaines dépenses faites à propos, pour payer des espions & des coureurs. Ils ne prennent point sur les événements le même empire, qu'ils doivent prendre sur leurs troupes disciplinées & aguerries : Loin de se maintenir dans cette fermeté de conduite

* Jusqu'ici, l'Auteur s'est toujours exprimé au *passé*, & le voici qui passe tout d'un coup au *présent*, & continue de même jusqu'à la fin. Je respecte trop les Anciens, pour mettre cette faute sur le compte de l'Original : j'aime mieux l'attribuer à un travers d'esprit du Traducteur, qui aura cru voir ici, je ne sai pourquoi, un tableau des mœurs de son tems. (*Remarque de l'Editeur.*)

duite qui ſiéd aux grands Hommes, ils reçoivent la loi de la néceſſité ou du hazard, & ils perdent à délibérer le tems destiné à agir, Enfin, nos gens de guerre ont preſque tous dégénéré de l'ancienne bravoure de la Nation, bravoure qui l'avoit diſtinguée en tant de rencontres, comme à Marathon, à Salamine, à Platée. O ! qu'eſt devenu ce tems fertile en Héros, où la Grèce par-tout triomphante, & par-tout reſpectée, comptoit des Ariſtides parmi ſes prémiers Magiſtrats, des Ariſtodèmes parmi ſes Archontes, des Iſocrates & des Démoſthènes parmi ſes Orateurs, des Codrus & des Miltiades parmi ſes Généraux d'Armée ! Quels hommes ! & combien leurs conſeils & leurs remontrances avoient-ils d'autoritè dans la Grèce ! Tout eſt aujourd'hui changé. A peine nos Officiers peuvent-ils monter à cheval, par la molle habitude qu'ils ſe ſont faite de jouir de toutes les aiſes de la vie. Il leur faut des Chars & des Litières, & quelque fois une Armée de dix mille hommes ſeulement en a trois mille a ſa ſuite & parmi ſes bagages.

Ici eſt une lacune conſidérable qui, au jugement des antiquaires & des Commentateurs, occupe pluſieurs pages.

Mais

Mais quels ſont les moyens qui peuvent contribuer à faire fleurir un Etat, à le rendre formidable au dehors & tranquille au dedans, à arranger les choſes de manière que ceux qui commandent & ceux qui obéiſſent, y trouvent également leur ſureté & leur bonheur ? J'en connois pluſieurs, dont le prémier ſans doute eſt l'exacte obſervation de toutes les Loix établies & enregiſtrées dans les villes principales : obſervation ſi néceſſaire, que ſans elle tout ſe porte inſenſiblement à une ruïne générale, le mérite ignoré ne peut ſe faire jour, les vices ne ſont point punis, les vertus ne ſont point récompenſées : obſervation ſi néceſſaire encore une fois, qu'elle peut ſeule réprimer les violences & les rapines des perſonnes riches & puiſſantes, ſur-tout dans les Provinces éloignées de la Capitale ; qu'elle peut ſeule arrêter la licence de tant de gens hardis & pleins d'eux-mêmes, qui s'abandonnent à de folles paſſions & comptent ſur une impunité, hélas ! troup commune ; qu'elle peut ſeule modérer le zèle inquiet des Pontifes ſuperſtitieux, qui ſe flatent de donner à leurs idées particulières je ne ſai quel ſceau de la Religion ; qu'enfin elle peut ſeule entretenir la ſymétrie

métrie dans un Etat, & faire correſpondre toutes ſes parties bien liés les unes aux autres. Et comme peu à peu on ſe néglige, on ſe porte au relâchement ; comme les meilleurs Loix perdent inſenſiblement de leur luſtre & de leur vivacité ; rien n'eſt plus à ſouhaiter que de voir de tems en tems naitre quelques-unes de ces ames roides & vertueuſes, qui ſans aucune complaiſance, par goût du vrai & par amour de la juſtice, rappellent toutes choſes à leur point fixe & rendent à ce qui eſt terni ſon prémier éclat, & à ce qui eſt fauſſé ſon prémier allignement.

Le ſecond moyen propre à faire fleurir un Etat, c'eſt la bonne éducation donnée à la Jeuneſſe, d'où découlent les principes de conduite néceſſaires pour tout le reſte de la vie. Mais par malheur, tous les établiſſemens utiles à la Jeuneſſe ont été détruits à Athènes, & il ſemble qu'on tâche d'y établir l'Ignorance, qui eſt le plus grand de tous les maux dont un peuple infortunè puiſſe être atteint ; & qu'au-lieu d'hommes vertueux & libres, on veuille faire des hommes abjets, eſclaves & barbares. De-là naiſſent l'aviliſſement de l'eſprit, & la corruption du cœur. On ne penſe plus, on on se jette dans toutes sortes de débauches. Des hommes ignorans sont très disposés à se laisser séduire par le prémier fanatique qui voudra les mener. On les dupe d'autant plus facilement, que la crédulité est l'appanage de l'ignorance: au-lieu qu'une Nation éclairée est fidèle à ses devoirs; elle connoit tout ce qui est dû à l'Etre suprême, & tout ce qu'exigent les Loix de la Morale: elle distingue parfaitement la Religion naturelle, gravée dant tous les cœurs, des pratiques & des cérémonies introduites en différens tems. Rien, enfin, ne rend les hommes plus hommes, que les connoissances ménagées à propos, & qui se répandent sans bruit de proche en proche.

Le trosième moyen que je propose, est de balancer toutes les condition de manière qu'on puisse s'y soutenir avec honneur, sans faire de ces fortunes rapides & extraordinaires, qui surprennent ceux même qui les ont faites. Dès que la porte dans un Etat est ouverte aux gains illicites, dès qu'on y peut devenir riche en peu de tems, qu'on y adore ceux qui possèdent ces richesses d'autant plus mal acquises qu'elles le sont avec rapidité, il ne faut point douter que la corruption ne devienne bientôt générale. Le Luxe inonde tout, & traine à sa suite une foule de desordres. Personne n'est satisfait de sa condition : personne ne cherche a se mettre au niveau de ses facultés. Les desirs augmentent, & les besoins se multiplient. C'est à la Fortune que tout le monde court, que s'adressent & les jeunes-gens & ceux qui vieillissent. La Vertu, l'Honneur, l'attachement à sa Patrie ; ne sont plus que des fantômes qu'on regarde avec mépris, A peine même ose-t-on prononcer leurs noms.

Ici sont plusieurs autres lacunes, qui ne peuvent se remplacer, nos mœurs étant totalement différentes de celles des Grecs.

Je remarquerai en finissant, que quelque tranquille & bien réglé que soit un Etat au dedans, cela ne suffit point : il faut encore qu'il se fasse estimer au dehors, & même respecter : il faut que ses voisins le craignent, & en le craignant, qu'ils se ménagent avec lui, & regardent son alliance comme un bien qui leur est précieux..... Mais on doit songer en même tems, ainsi que dit l'Orateur Grec dans sa prémière Olyn-

Olynthienne, que toute grandeur élevée ſur les injuſtices, ſur les infidélités, ſur les parjures, manque par les fondemens, & ne peut être de longue durée. Elle peut impoſer aux yeux par des dehors qui flatent & qui promettent d'heureux ſuccès: elle peut ſe ſoutenir quelque tems par des reſſorts inconnus, & des hazards ajoutés les uns aux autres. Mais à la fin cette grandeur affoiblie ſe dément de néceſſité, & il faut abſolument qu'elle s'écroule & s'abbatte.

DIALOGUE

POURQUOI IL EST SI difficile aux perſonnes d'un certain mérite de s'avancer dans le Monde.

Fortuna ſævo læta negotio,
Ludum inſolentem ludere pertinax,
Tranſmutat incertos honores,
Nunc mihi, nunc alii benigna.
Laudo manentem: ſi celeres quatit
Pennas, reſigno quæ dedit, & meâ
Virtute me involvo, probamque
Pauperiem ſine dote quæro.

Horat. Carm. lib. 3.

Il faut gouverner la fortune comme la ſanté; en joüir quand elle eſt bonne, prendre patience quand elle eſt mauvaiſe, & ne faire jamais de grands remèdes ſans un extrême beſoin.

LA ROCHEF.

DIA-

DIALOGUE

Pourquoi il est si difficile aux personnes d'un certain mérite de s'avancer dans le Monde. (a)

ARISTE ET THEAGENE.

JE suis pénétré de la plus vive douleur, mon cher Thêagène. On vient de me faire une injustice cruelle & deshonorante. On me dérobe un Emploi qui m'étoit dû ; & pour comble de disgrace, je me vois supplanté par l'homme du monde que je craignois le moins.

THEAGENE.

C'est le train ordinaire des choses : je n'en suis point surpris. *Mihi quanto plura recentium seu veterum revolvo, tantò magis ludibria rerum mortalium cunctis in negotiis obser-*

[a] V. le Césarion de l'Abbé de S. Réal.

obſervantur. (*b*) De tout tems la brigue, la faveur, les baſſes ſollicitations, le vice même ingénieux à ſe ménager des Protecteurs, ont enlevé au mérite les récompenſes qui lui étoient dûes.

ARISTE.

Et voilà pour les honnêtes-gens un ſujet toujours nouveau de peine & de chagrin. Ma colère s'allume mon eſprit eſt comme à l'envers, quand je vois les Charges, les Dignités, les Préſéances ſi mal diſtribuées, & preſque toutes dégradées par ceux qui les poſsèdent.

THEAGENE.

Vous êtes bien induſtrieux à vous tourmenter ! La Nature déja nous apprête aſſez de maux, qui ſont inſéparables de la condition humaine & qui troublent deſagréablement le repos de la vie. Pourquoi cherchez-vous à vous en procurer de gaieté de cœur ?

ARISTE.

Je ſouhaiterois qu'il règnât dans le monde un certain ordre, une judicieuſe ſymétrie. Je voudrois que la Vertu ſeule frayât le chemin aux honneur du Sacerdoce & de la Prélature ; qu'une connoiſſance appro-

(b) *Tacit. Hiſt. lib.* 3.

profondie des Loix & des diverſes Coutumes, qui ſont d'ordinaire plus ſimples & plus utiles que les Loix mêmes, diſtinguât tous nos Magiſtrats; enfin que la valeur & l'intelligence ſe joigniſſent enſemble pour élever un petit nombre d'Officiers d'une vie dure & laborieuſe, aux prémières Charges de la Guerre.

THEAGENE.

En vérité, vous demandez-là des choſes étranges! Vous propoſez un arrangement philoſophique, & trop au deſſus de la portée des hommes. Je vous appliquerois volontiers ce qu'on reprochoit à ce Romain ſi connu par l'âpreté de ſa Morale, qu'il opinoit toujours au milieu du Sénat, comme s'il avoit été dans la République de Platon: *ut ſi in illâ commentitiâ Platonis civitate* (c) *res ageretur*. Vous entendez aſſez le fin de cette raillerie.

ARISTE.

Hé quoi! voudriez-vous me faire approuver toute la bigarrure qui règne & à la Cour & à la Ville? Mes yeux n'ont jamais pu s'y apprivoiſer. La plupart des perſonnes ne ſiéent ni à leurs places, ni à leur o-

(c) *Cicero de Orat. Lib. I.*

pulence. Le grand jour les décèle & les trahit. Ils s'avilissent eux-mêmes par une conduite fière & hazardée, qui les expose bientôt au mépris. Accoutumés qu'ils sont à ne voir que de lâches adulateurs, ils ne profitent point de leurs fautes, ils ne se redressent jamais : toute leur vie n'est qu'un tissu de légèretés & d'imprudences.

THEAGENE.

Vous n'entrez point tout-à-fait dans ma pensée. Je blâme par goût & par raison ce qui se passe dans le grand monde, & je serois charmé qu'on y rendît plus de justice au mérite & aux talens. Les plus flateuses récompenses, toute l'admiration des hommes, leur devroient être réservées. Mais, croyez-moi, je suis un témoin fidèle & desintéressé : tout cela est impossible.

ARISTE.

Comment impossible ! J'ai de la peine à vous comprendre, & je trouve dans tout votre discours je ne sai quoi de malicieux & d'affecté, dont je vous demande l'éclaircissement,

THEAGENE.

Rien ne sera plus aisé, & j'espère que vous conviendrez avec moi, que ce qu'on appelle mœurs, esprit, courage, talens, ca-

pa-

pacité, n'eſt guères utile pour s'avancer dans le monde : ſi même tout cela ne ſe tourne point en difficultés & en obſtacles preſque inſurmontables...... Examinons d'abord quel eſt le charactère d'un homme qui a véritablement du mérite. Il eſt modeſte & retenu, ennemi de toute fraude & de tout déguiſement : il ne donne rien à ſon goût, ni à ſon humeur, ni à ſa commodité : il ne s'accrédite point par des menſonges adroits, ni par une impoſture curieuſement ſoutenue : il affecte peu de ſe montrer, quoiqu'il gagne dans la ſuite à être connu : loin de biaiſer dans les affaires, il les dégage autant qu'il peut d'un détail inutile & & en écarte les formalités, qui obſcurciſſent d'ordinaire le fond des choſes. Toute ſa conduite enfin porte un air de nobleſſe, de ſincérité, de reſpect pour lui-même, qui ne ſe dément jamais, Croyez-vous que ce ſoient-là des qualités fort propres à ſurprendre les faveurs de la Fortune ?

ARISTE.

Non certainement : elle n'aime point un mérite trop déclaré, ni trop indépendant, ni qui ſoit trop à ſoi : elle n'auroit rien à contribuer de ſa part..... Mais il me vient une penſée..... Ne pourroit-on pas ajouter

ter, que cet homme de mérite a une ſorte de fierté dans l'eſprit & dans les ſentimens, qui l'empêche de ſe contraindre & de ſe plier à certaines baſſeſſes, d'entrer ſecrettement dans les paſſions d'autrui, d'applaudir du geſte & de la voix à ce qu'il mépriſe au fond du cœur? *Quanto quis ſervitio promptior, opibus & honoribus* (d) *extollitur.*

THEAGENE.

Voilà le point, mon cher Ariſte : je ſuis charmé que vous m'ayez prévenu. C'eſt cette auſtérité d'humeur, c'eſt ce défaut de diſſimulation, qui ôtent à l'homme de mérite preſque tous les moyens de s'avancer. S'il a beſoin d'un Enguerrand de Marigni, ou d'un Jaques de Samblançai qui lui prête la main, ira-t-il mendier une protection honteuſe, & qui le fera rougir dans la ſuite? Offrira-t-il ſon encens à la Maitreſſe du Prémier Miniſtre, quoique ſupérieur par l'avantage du poſte & par celui de la naiſſance? Entrera-t-il dans ces ſouterrains odieux, où l'on trafique de charges & de dignités, où l'on achète à prix d'argent le privilège de dépouiller une Province entière, & de redoubler les diſgraces publiques?

ARISTE.

(d) *Tacit. Annal. Lib. 1.*

ARISTE.

C'est là cependant ce qu'on fait tous les jours avec une approbation générale. Le Connêtable de Montmorency, qui avoit bravé tous les efforts & l'industrieuse coquetterie de Diane de Poitiers, qui s'étoit soutenu par son seul mérite dans une Cour encore plus occupée de plaisirs que d'affaires, ne se trahit-il pas à la fin lui-même ? Il oublia ce qu'il avoit accoutumé de dire à ses meilleurs amis, *qu'il faisoit plus de cas d'un peu de renommée, que de toutes les richesses qu'une femme pouvoit apporter dans sa maison.* Il rechercha d'une manière soumise pour son propre fils, ce qu'il avoit refusè avec hauteur pour son neveu l'Amiral de Coligni.

THEAGENE.

J'avoue qu'il est assez difficile à la Cour de soutenir jusqu'au bout le charactère d'homme d'honneur : à la Cour, dis-je, *où*, suivant l'expression d'un grand Ministre, *tout est plein de nivelleries & petites picoteries ; où l'on interprète plutôt en mauvaise part, qu'en bonne, les actions d'un chacun ; où est très grande la corruption des bonnes mœurs, & la porte ouverte à la calomnie ; où enfin tout se mène selon les imaginations*,

 bu-

humeurs & fantaisies des Rois & Princes, quelquefois assez bien, quelquefois assez mal (e) *fondées,* Une réputation trop éclatanté y est dangereuse, & elle a souvent écarté des prémières places ceux qui avoient le plus de droit d'y prétendre. Jamais les Cardinaux de Richelieu & Mazarin n'auroient partagé l'authorité royale & foulé aux pieds tous leurs rivaux, s'ils n'avoient persuadé aux Souverains qu'ils gouvernoient impérieusement, que c'étoit à eux que tout étoit dû, & les délibérations des conseils, & les ordres pour l'exécution. Ils sauvoient ainsi l'orgueil du Trône, sans affoiblir leur propre crédit.

ARISTE.

Je connois assez pourquoi les Princes n'aiment point à employer des gens plus éclairés ou plus vertueux qu'ils ne le sont eux-mêmes. Le contraste ne leur seroit pas favorable, Chaque jour verroit redoubler leur défiance, & leur jalousie. Les prémières paroles qu'on fait bégayer en Italie aux enfin de qualité, ce sont celles-ci, *Nella Corte Romana, chi mostra di saper tutto sà niente, e chi finge di saper nulla sâ il tuttò.* Cette

[e] *Voyez les Mémoires d'Etat par Mr. de Villeroi.*

(*f*) Cette conduite, pleine de circonſpection & d'une ignorance apparente, réuſſit aſſez bien dans un pays où l'on meurt ſouvent de trop ſavoir. Ne vous ai-je pas ouï raconter que pour plaire à Charles V. il falloit lui dire ſérieuſement qu'il étoit plus homme de bien que ſon Confeſſeur, plus habile que ſes Miniſtres, plus brave que ſes Généraux d'Armée, & plus adroit que les Ambaſſadeurs qu'il envoyoit dans les diverſes contrées de l'Europe?

THEAGENE.

Une pareille louange pouvoit convenir au plus grand, & peut-être au ſeul grand homme qu'ait eu la Maiſon d'Autriche: mais tous les Princes ne lui reſſemblent point, Comme ils ſont pour la plupart aſſez bornés, & que l'amour des plaiſirs qu'ils n'ont pas même la peine de ſouhaiter, les dégoûte des fonctions pénibles du Trône, ils ne s'attachent qu'à des gens dont le principal mérite eſt de ſavoir les entretenir dans une inaction voluptueuſe: de ces gens, diſoit un des plus honnêtes-hommes de la Cour de Henri IV, *qui n'ont d'autres parties pour ſe faire eſtimer, ſinon quelques entre-gens du beau monde, faire quelque conte*

[f] *Greg. Leti dans le Livre intitulé: Il Cardinaliſmo*

te pour rire, jetter des exclamations ſur tout ce qu'ils diſent, & acompagner leurs Maitres trop foibles d'entendement aux banquets & autres lieux de débauché, leur louer les beautés, gentil eſprit, cajoleries & bons mots des Demoiſelles, & leur faire venir l'envie de les voir, puis de les revoir, enfin de (g) *les aimer.* Avouez, mon cher Ariſte, qu'il faut ſoi-même avoir extrèmement de mérite, pour ne vouloir être approché que par des perſonnes de mérite.

ARISTE.

J'en conviens avec vous. Les bons connoiſſeurs, ceux qui aiment la vérité, ſont très rares dans le monde. Cependant il n'y a que leur eſtime ſeule, toujours conforme aux règles du devoir, toujours fondée ſur les bienſéances, qu'on doive rechercher: celle des autres fait plus de tort que d'honneur. *Nunc malis diſplicere*, dit Sénèque, *laudari eſt.*

THEAGENE.

Comment voulez-vous donc que les perſonnes d'un certain mérite ſe pouſſent à la Cour, & auprès des Princes? Ces perſonnes par une noble pudeur ne s'empreſſent point à ſe faire connoitre: & malheureu-

[g] *V. les Memoires de Sull.*

reuſement encore, quand on les connoit, on s'en défie, on les écarte; on leur préfère des ames baſſes & prêtes à entrer dans toutes ſortes d'intrigues & de tromperies.

ARISTE.

Il faut pourtant avouer qu'il y a eu dans chaque ſiècle des hommes vertueux qui ne ſe ſont élevés que par des voies légitimes: leur mémoire eſt encore précieuse aux peuples reconnoiſſans, dont ils ont aſſuré le repos & la félicité.

THEAGENE.

Ces exemples ſont peu fréquens, & ne doivent point tirer à conſéquence. Un Auteur curieux, & qui à fait beaucoup de recherches ſur l'Hiſtoire de France, rapporte qu'au commencement du règne de Henri II: & de Catherine de Médicis, on jetta les yeux ſur quatre Avocats pour les faire monter au plus hautes dignités du Barreau, & pour récompenſer en leurs perſonnes ce que l'éloquence & la probité avoient de plus reſpectable, Pierre Seguier & Denis Riant furent faits tout-à-coup Avocats du Roi, Jaques Auberi Lieutenant Civil, & Chriſtofle de Thou Préſident au Mortier. Le même Auteur ajoute qu'il falloit alors que *la Fortune fût groſſe* *de de toutes ces dignités, pour en faire une si ample & si féconde portée, & que depuis, comme si elle en eût été recrue, le passage en a été presque clos aux autres.* (h)

ARISTE.

La réflexion me paroit judicieuse: mais j'oserois soupçonner que la Fortune, volage comme elle est, & peu soigneuse de chercher le mérite, ne fait point de ces grands coups, sans avoir quelque raison obscure & cachée. Les motifs qui la font agir nous sont d'ordinaire inconnus, & même on les supprime avec soin,

THEAGENE.

Ce que vous dites là n'est que trop certain. Le merite, pour parvenir aux récompenses toujours désirées avec trop d'ardeur, a lui-même besoin d'adoucissemens, d'insinuations, & quelquefois d'artifices: sans quoi elles échaperoient bien vîte de ses mains. Souvent c'est un hazard heureux, une repartie spirituelle, un repas donné à propos, quelque chose même de plus bas & de plus frivole, qui lui procurent ces récompenses d'une manière peu attendue..... M. de Fabert, quoique très digne de toutes les distinctions militaires &

(h) *V. les Lettres d'Etienne Pasquier.*

& déja Gouverneur d'une Place importante, n'obtint cependant le bâton de Maréchal de France, que pour s'être prêté aux frayeurs du Cardinal Mazarini Ce Ministre ne pouvant plus se défendre contre les cabales des Courtisans, contre l'autorité du Parlement, contre les clameurs de la Fronde, trouva heureusement Monsieur de Fabert qui voulut bien recevoir à Sédan ses trésors, ses papiers, ses pierreries, ses nièces avec Madame de Venelle leur Gouvernante. Cette action, qu'il convenoit lui-même avoir été faite trop légérement, acheva sa fortune & le mit au-dessus de tous ses Competiteurs. . . . . Un autre éxemple encore plus remarquable est celui de Benoit Odescalchi, qui fut Pape sous le nom d'Innocent XI. Quand il vint à Rome, & qu'il tâcha de s'introduire dans le Vatican, ce fut avec plus d'envie que d'espérance de s'avancer. On lui reprochoit incessamment l'obscurité de sa naissance, & la profession lucrative que son Père exerçoit dans une Ville de la Lombardie. Il eut cependant le bonheur de s'insinuer adroitement dans le Cercle de *Dona Olympia*, belle-sœur du Pape, & de jouer quelquefois avec elle: ce qu'il faisoit

ſoit d'un air galant & deſintéreſſé. Un jour on apporta à cette femme avare & impérieuſe des bijoux d'un travail exquis : elle les marchanda longtems, & ne put s'accommoder avec le Brocanteur, qui en demandoit une ſomme conſidérable. Odeſcalchi l'aiant ſu, les acheta ſous main & les fit préſenter à *Dona Olympia.* Ce don ineſpéré lui valut une Charge de Clerc de la Chambre ; & bientôt par ſes ménagemens, & par la ſoupleſſe de ſon génie, il ſe fit donner le chapeau de Cardinal.

ARISTE.

Je pardonne ces petites ſubtilités, en faveur de la bonne conduite qu'Innocent XI. a tenue dans la ſuite. Jamais Pape n'a été plus irréprochable dans ſes mœurs, ni plus ferme dans ſes réſolutions, ni plus ennemi du Népotiſme, *ch' è uno de' i mali maggiori, che ſono al preſente nella Chieſa.* (i)

THEAGENE.

Convenez donc avec moi que le mérite ſeul eſt dangereux & nuiſible, à moins qu'on ne biaiſe une peu pour le faire valoir, & qu'on n'emprunte même les couleurs du vice. A combien de Grands-Hom-

(i) *Greg. Leti dans le Livre intitulé: Il Nepotiſmo.*

Hommes n'a-t-on point reproché, qu'ils ne s'étoient avisés de devenir honnetes-gens, qu'après leur fortune faite ? Il n'est pas jusqu'au célèbre Arnaud d'Andilly, qui n'ait eu sur cela besoin d'apologie. Vous vous rappellez sans doute ce Législateur de la Grèce, à qui l'on demandoit s'il avoit donné de bonnes Loix aux Athéniens : *Les meilleures*, reprit-il, *qu'ils étoient capables de recevoir.*

ARISTE.

Je reconnois à ce langage Solon.

THEAGENE.

Oui, c'est lui-même. Comme il vouloit rétablir l'égalité dans sa patrie, & ôter ces rangs incommodes, ces fâcheuses grandeurs, qui nuisent plus à la liberté qu'elles ne contribuent au bonheur, il se mit à flater tous les rangs. Chacun se laissa gagner par de si agréables mensonges, & crut y trouver ses avantages & sa sureté, mais quand Solon vit que toutes choses prenoient un pli favorable, il oublia ce qu'il avoit promis. L'homme public ne se ressouvint plus des paroles qu'avoit donné l'homme privé.

ARISTE.

La conduite de votre Athenien ressemble assez à la politique de certaines filles d'esprit, qui employent toutes les ruses de la galanterie pour se procurer un mariage heureux ; mais qui s'étant données une fois, ne connoissent plus que la simplicité & la sujettion du devoir . . . . . N'est-ce point là une peinture naïve de la manière dont Sixte V. s'éleva des derniers degrés de la Milice Ecclesiastique au plus considérablé ? Il mit tout en œuvre, promesses, flatteries, menaces, présens, maladies feintes & simulées, pour se procurer la Thiare : mais à peine s'en fut-il paré, qu'il devint d'autant plus austère dans le commandement, qu'il avoit été plus soumis & plus artificieux dans la dépendance.

THEAGENE.

Je suis ravi que vous me fournissiez des traits contre vous-même, & que le mérite commence à vous paroitre suspect. . . . . . Mais voici un obstacle nouveau & plus grand que tous les autres, dont nous n'avons point encore parlé.

ARISTE.

Je devine votre pensée : c'est l'amour du plaisir.

THEAGENE.

Ah ! que cet amour est dangereux, & que je plains un homme de mérite, lorsqu'il s'y livre avec trop d'ardeur ! Par-là s'anéantissent tous ses talens, & il s'égare dans la route qui conduit à la fortune, tandis que des gens d'un esprit médiocre, *mais que rien de semblable n'arrête, gagnent les devans & occupent les places qu'il ne tenoit qu'a lui de remplir.* (k)

ARISTE.

Si j'osois ici, mon cher Théagène, vous ouvrir mon cœur, je vous dirois sincèrement, que quiconque a le loisir de penser, ne doit rien voir de mieux à faire que de se reposer nonchalamment entre les bras de la volupté. Vous jugez bien que je ne parle point de cette vie tumultueuse & plongée dans la débauche, mais de cette vie douce & paisible, où sans avoir aucun sentiment du vice, on n'aime que

[k] *V. le Césarion de l'Abbé de S. Remi.*

que les vertus commodes & d'un facile usage, où sans se vanter d'avoir assujetti ses passions, on ne se laisse aller qu'à celles qui entretiennent la vivacité de l'esprit, & qu'aucun dégoût n'accompagne. C'est ce que les Anciens nommoient *Comitas quæ sine luxuria est.* (l)

THEAGENE.

Vous ne sauriez croire combien cet amour du plaisir a fait faire d'infidélites à la fortune ; combien de gens dans les Provinces ont renoncé de bonne heure à l'envie d'acquérir un grand nom, se sont retirés volontairement dans leurs maisons qu'ils prennent soin d'embellir, & où ils font une chere délicate à un petit nombre d'honnêtes-gens ..... J'ignore aussi pourquoi on préféreroit des soins brillans & illustres, au repos & à la tranquillité dont on jouit dans les conditions médiocres. J'avoue que cet état n'a rien de vif ni d'ambitieux : mais il est intéressant, & on s'y plait.

ARISTE.

Permettez-moi de vous citer ici quelques

[l] *Vir, sicut ad cætera egregius, ita à comitate quæ sine luxuriâ esset, non aversus.* Tit. Liv. de Scipione.

ques morceaux d'une très-belle Ode, qui fut adressée à un homme de condition par un Poëte qui l'étoit aussi. Ces sortes d'Ouvrages ont d'ordinaire quelque chose de plus fin & de plus dégagé que ceux des Auteurs de profession.

A Monsieur de C.....

PHILOSOPHE par goût libertin par système,
Cher ami, rens justice à la vertu que j'aime.
Pour éviter de sûrs regrets,
Loin de Paris, je mène une indolente vie,
Je goûte les plaisirs où l'âge me convie,
Mais je m'en défens les exces.

Que sert de discourir sur le tems qui s'écoule
Fantômes séduisans, erreurs, venez en foule
Sauvez-moi des réfléxions.
Malheureux, qui guéri d'une douce ignorance,
Obtient enfin de l'âge & de l'expérience,
L'empire sur ses passions!

Voisin, mais à couvert des fureurs de Neptune,
J'attens dans mon fauteuil la bizarre fortune.
O sage médiocrité!
Jours obscurs, mais coulés dans une paix charmante,

Vous m'offrez plus d'appas que la gloire brillante, Qu'un nom chérement acheté!

Si quelque heureux hazard m'adresse une Bergère,
Dont le maintien soit doux & le discours sincère,
Facile, je vole au danger.
Mais craignant à mon tour que d'injustes caprices,
N'empoisonnent d'amour les plus chères délices,
Je me plais à me dégager.

Au Champagne divin quelquefois je me livre:
Mais aussi de Bordeaux moins friand je m'enyvre:
L'un & l'autre me rend heureux.
Je ne refuse point le bien qui se présente,
Et, libre de desirs, ce que j'ai me contente, (*m*)
Quand je n'ai point ce que je veux.

THEAGENE.

Le Poëte parloit sensément: & l'on convient que c'est sur-tout aux gens de guerre, accoutumés à regarder la vie d'un œil d'indifférence, & à sortir souvent comme hors d'eux-mêmes, que l'amour du

(m) *Quoniam id fieri quod vis non potesti, velis id quod possis.* Terent.

du plaisir cause les plus fortes distractions. Aussi plusieurs, après avoir essuyé des hazards infructueux, reviennent-ils à une vie sédentaire : ils se persuadent à la fin, que quelques heures de vie bien ménagées sont plus considérables que l'intérêt d'une médiocre réputation.

François I. avoit obtenu la Pourpre Romaine pour un des enfans du Maréchal de Châtillon, & il sembloit que cet honneur ne devoit point regarder l'ainé : mais lui, qui avoit des inclinations douces & modérées, aima mieux se dévouer à l'Etat Ecclesiastique, & il laissa toutes ses espérances, tout l'orgueil d'une ancienne & illustre Maison, à l'une de ses cadets, qui fut depuis si celebre sous le nom de l'Amiral de Colligny. Cet Amiral cependant, quoiqu'il eût un génie ferme & inébranlabe, avouoit quelquefois à son frère témoin de ses périls & de ses travaux, qu'il auroit passé des jours plus tranquilles & moins enviés à l'abri du chapeau de Cardinal. Heureux, s'il avoit su prendre ce parti! Plus heureuse encore la France, qui n'auroit point vu les horreurs d'une guerre civile !

ARISTE.

Que pourrois-je ajouter à des réfléxions si solides ? Je desavoue tous mes chagrins, & je rougis de vous avoir paru trop délicat & trop sensible au refus qu'on m'a fait. Notre amour-propre s'apprivoise difficilement à ce qu'il croit le pouvoir humilier.

THEAGENE.

Je n'y trouve point à redire. Quand on entre dans le monde, on se laisse d'abord éblouir par tout cet éclat qui l'environne. Les prémières places imposent, & l'on se flatte qu'à force de se procurer des talens & des connoissances, on pourra soi-même les remplir dans la suite. Mais peu à peu l'illusion se dissipe : on se lasse de chercher son bonheur dans les autres : on revient des sentimens de l'ambition à un desir plus intime de son repos : on se refroidit pour les avantages & les présens de la Fortune, qui coûtent encore plus à conserver qu'à acquérir : on s'indigne enfin de voir tant de bassesse en ceux qu'elle a traités le plus favorablement, & du mépris des personnes on passe au mépris des dignités mêmes.

ARISTE.

J'avois déja entrevu ce que vous me dites là d'une manière plus arrangée & plus réfléchie. Mais il faut l'avouer, un peu d'expérience supplée à beaucoup de raisonnemens: & cette espèce de leçon, qui est plus vive & plus animée, corrige sans retour. Pour bien connoitre toute l'injustice de la Fortune, il faut soi-même en avoir avoir fait l'épreuve. Les peines & les disgraces n'abbattent point un honnête-homme. Il les rend aussi légères qu'il le peut, par la facilité de sa patience: & son ame, quoique plus délicate à être blessée de toutes choses, se contente de souffrir, & ne se plaint point.

THEAGENE.

Vous voilà, mon cher Ariste, dans cette disposition d'esprit que je vous souhaitois, au commencement de notre entretien. Il est impossible de vaincre par aucun effort de courage la dureté de notre condition, tant elle renferme de choses fâcheuses, desagréables & humiliantes, dont la plus grande partie ne dépend point de nous. C'est bien assez d'employer l'adresse, pour s'en éloigner ingénieusement.

ARISTE.

Hélas ! que cet entretien a renouvellé mon goût pour la retraite ! Mais j'en voudrois une qui donnât de l'agrément à l'esprit, sans rien ôter de tout ce que demande raisonnablement la Nature : j'en voudrois une que personne ne troublât par des curiosités indiscrettes & satiriques ; où l'on ne connût ni ce que la nécessité a de pressant, ni ce que l'abondance à de trop mou & de trop recherché ; où les desirs enfin fussent toujours proportionnés aux besoins. Quel état plus heureux que celui d'un Philosophe, qui contemple du port les vaines & tumultueuses occupations des hommes, & qui satisfait de son indépendance, ne cherche qu'à s'éclairer par une étude choisie, & qu'à devenir plus vertueux !

THEAGENE.

Cet état, qui est comme isolé, offre à chaque instant une volupté infinie ; mais peu de gens ont le goût assez bon, & encore moins se trouvent dans une situation assez favorable, pour s'y pouvoir bonner : *Pauci quos æquus amavit Jupiter ....* Tous les autres se laissent entrainer par la coutume, par les préjugés établis : ils mar-

marchent en aveugles, & sans savoir où ils vont: ils ne voyent les objets qu'au travers de mille nuages qui les altèrent à leurs yeux, & les défigurent insensiblement.... Pour vous, Ariste, pardonnez à la Fortune de ne vous avoir point fixé où vous demandoient les agrémens de votre génie, & la netteté de vos mœurs. Contentez-vous de mériter les honneurs, qui se rencontrent sur votre passage: mais ne vous fâchez pas mauvais gré si ces honneurs vous échapent & qu'on les accorde à d'indignes rivaux. *Quod hodie non est, cras erit: sic vita truditur*..... Un honnête-homme est obligé de faire tout ce qu'il peut pour s'avancer dans le monde, & se donner de la considération: mais il n'est point obligé [*n*] de réussir. Le succès n'a jamais été une preuve du mérite, ni la sûre récompense des desseins ingenieusement [*o*] concertés.

(n) *V. les Lettres de Bussi-Rabutin.*

(o) *Careat successibus, opto,*
Quisquis ab eventu facta notanda putat.
Ovid.

LETTRE *de Mr. De M***. à un de ſes Amis ſur le* Poëme de la Bataille de Fontenoy, *par* Mr. de Voltaire.

JE viens de lire, Monsieur, la huitième édition de la *Bataille de Fontenoy.* Oſerois-je dire que je n'en ſuis pas content, & que je trouve un peu étonnant qu'on ait marqué un ſi grand empreſſement pour ce Poëme, que Mr. *de Voltaire* ſe ſoit vu obligé d'en donner une huitième édition ? J'avoue que ces éditions ſi multipliées, & faites coup ſur coup, ſeroient un éloge non équivoque, s'il n'étoit pas à préſumer que le Public, guidé par l'intérêt qu'il a pris avec raiſon à la fameuſe *Journée de Fontenoy*, plein de ſentimens d'admiration & d'amour pour le Roi, remué d'un côté par la joie qu'inſpire une grande & importante victoire, & de l'autre conſterné de la perte de tant de braves gens, n'a fait d'attention qu'aux choſes, & point du tout

tout à la manière dont elles ſont raportées, Mr. *de Voltaire*, qu'on regarde en général comme le Prince du Parnaſſe *François*, n'avoit garde de laiſſer échaper une ſi belle occaſion de ſoutenir ce grand titre, *honneur futur de ſa mémoire*. il n'eſt queſtion que de ſavoir s'il l'a bien ſoutenu. Son Poëme eſt d'ailleurs la moindre marque qu'il pût donner de ſa reconnoiſſance à un Monarque, qui l'a comblé de graces, qui l'en a peut être accablé.

Mr. *de Voltaire* fait autant des Héros des Officiers & des Soldats *François*. Je trouve qu'il leur rend juſtice. En effet il a falu une valeur héroïque pour vaincre des Ennemis braves, intrepides, & qui plus eſt ſupérieurs en nombre, dit il dans ſa Préface. Il eſt d'une belle ame, en relevant la gloire des Vainqueurs, de ne pas diminuer celle des Vaincus, & de les repréſenter comme des Ennemis dignes de ceux pour qui la victoire s'eſt déclarée; en un mot, tels qu'ils ont été. Mais faut-il toujours encenſer Mr. *de Voltaire* le regarder comme un Oracle, l'admirer, & n'oſer trouver rien à redire à ſes Ouvrages? Faut-il tranſmettre à la Poſtérité notre eſpèce d'idolâtrie, en évitant, ou en craignant de lui aprendre l'eſtime que, d'après notre jugement, elle doit faire du mérite de cet Illuſtre? Je n'examine point ſi c'eſt à juſte titre qu'on le met à côté de *Corneille*, de *Racine*, & de tant d'autres excellens Hommes. Je ne veux ni lui diſputer la place qu'on a bien voulu lui aſſigner, ni lui arracher les lauriers dont ſa tête eſt couronnée. Que d'autres s'efforcent de démontrer que ces couronnes ſont l'ouvrage de la dépravation du goût, & du ſacrifice que notre ſiècle a fait du ſolide & du vrai beau, au faux brillant des penſées, à la pointe, à l'emphaſe, & au ſtile embarraſſé, ſtile à la mode! Pour moi, je prends les choſes en l'état qu'elles ſont. Mr. *de Voltaire* eſt *contemplé* comme un très grand homme, il eſt extraordinairement célèbre, ſes Ouvrages ſont admirés. Tout cela me fait craindre qu'un jour ſon autorité ne faſſe loi dans la République des Lettres, au point qu'on ſe perſuade faire de l'excellent, en ſe modelant, par exemple, ſur ſon Poëme de la *Bataille de Fontenoy.* Car voilà où tend le trop de vénération pour un grand nom. Je ſens autant que qui que ce ſoit tout le mérite de Mr. *de Voltaire*, & cependant je vais oſer le

critiquer

critiquer. L'entreprise est hardie, vous la trouverez sans doute téméraire; mais il est beau d'en tomber. J'entre en matière.

Ses flots épouvantés. [a]

Depuis qu'avec raison on a reproché au grand *Racine* cette épithète, qu'il a employée en ce sens dans le récit de la mort d'*Hippolite*, j'avois cru qu'il n'étoit permis qu'aux nouveaux débarqués du Parnasse de s'en servir. L'imagination la plus vive, la plus déréglée même, peut-elle se représenter des *flots* saisis *d'épouvante*?

Quoiqu'on dise les *flots de la Mer*, Mr. *de Voltaire* trouvera bon que je doute qu'on puisse, dans un Ouvrage *d'un ton sérieux & sévère*, se servir de *flots* pour peindre les eaux d'un Fleuve. *Ondes* étoit, je crois, le vrai terme; aussi va-t-il l'employer tout à l'heure.

Son Dieu même en fureur, effrayé du passage
Cédant à nos Aieux son ONDE *& son rivage.* [b]

La fureur précède-t-elle l'effroi? Je n'en crois rien. Il me semble qu'on est d'au-

[a] Vers 4. [b] Vers 5 & 6.

d'autant moins effrayé qu'on est furieux. La fureur étouffe tout mouvement, tout sentiment qui aproche de la crainte.

Cédant son onde, pour dire, sans doute *abandonnant.* Si j'avois sous la main les SYNONIMES FRANÇOIS, je chercherois *abandonner*, ou *céder.* Je crois que je trouverois que le prémier donne l'idée d'une action gênée, d'une volonté un peu ou beaucoup forcée, & que le second à plus de rapport à ce qu'on fait de gré. Peut-être cette nuance de différence vous paroîtra-t-elle imperceptible, mais je la sens. *Cédant* ne m'imprime point du tout l'idée d'un Dieu violenté; ce qui est pourtant, si je ne me trompe, ce que Mr. *de Voltaire* veut faire entendre, en peignant la situation & les sentimes du Dieu du *Rhin*, lors du fameux Passage de *Louis XIV.*

Quand des bras de l'Hymen s'élançant au Trépas
Son Fils . . . . . . [c]

On dit bien s'élancer dans l'eau, dans la rue, mais non pas à l'eau, à la rue, ni conséquemment au trépas. Mais quand même

[c] Vers 11 & 12.

même Mr. *de Voltaire* auroit pu écrire *s'élançant dans le trépas*, cette expreſſion, ainſi que celle dont il s'eſt ſervi, ſeroit, à rejetter, par la raiſon que l'une & l'autre repréſentent Mr. *le Dauphin* courant à une mort certaine. Idée épouvantable, accablante, ce qu'aucun bon *François* ne pourroit ſoutenir ! Je dis une mort certaine, parce que *s'élançant au trépas* porte avec ſoi quelque choſe de trop affirmatif, & qui, ſelon moi, annonce l'événement le plus triſte & le plus effrayant. Il ſuffiſoit, pour nous faire trembler, de nous montrer ce Prince, dont les jours ſont ſi précieux, s'expoſant aux dangers. L'eſpérance de l'en voïr ſortir ſain & ſauf, nous auroit du moins ſoutenus. Mais de la façon dont Mr. *de Voltaire* s'exprime, il n'y a rien à eſperer, tout eſt perdu. Pour prouver la juſteſſe de ma remarque, ſuppoſons quelqu'un qui ignore abſolument la *Bataille de Fontenoy*. Qu'on lui préſente à lire le Poëme de Mr. *de Voltaire, quand des bras de l'Hymen s'élançant au Trepas Son Fils*..... ce quelqu'un s'écriéra, Quoi le Fils du Roi, le *Dauphin* a été tué ? Mr. *de Voltaire* devoit imaginer tous ſes Lecteurs dans cette ignorance que je ſuppoſe. Les grands

 Maî-

Maîtres de l'Eloquence ont beaucoup parlé du *Décent* dans le discours. Peu de gens les comprennent, parce que ce *Décent* se sent mieux qu'il ne peut s'exprimer. Il est tout de sentiment.

Venez le contempler aux champs de Fontenoy. [d]

Que cette invitation est foible! N'est-ce point parce que *contempler* est un peu prosaïque?

Voyez ce fier Saxon qu'on croit né sous sa loi. [e]

Le dernier hémistiche de ce vers n'est rien moins que pompeux.

Maurice qui touchant à l'infernale rive,
A rappellé pour lui son ame fugitive,
Et qui demande à Mars, dont il a la valeur,
De vivre encore un jour & de mourir vainqueur.
[f]

Voilà quatre vers magnifiques. Je voudrois seulement que Mr. *de Voltaire* se fût abstenu de cette expression, *touchant à l'infernale rive.* Elle n'a pas dû plaire à Mr. le Ma-

[d] Vers 15. [e] Vers 16. [f] Vers 17 20.

Maréchal Comte de *Saxe*, connoissant, comme il fait, la façon de penser des *Catholiques-Romains* sur le sort de ceux qui meurent hors de leur Communion. C'est encore-là une faute contre ce *Décent* dont je viens de parler, avec cette différence que celle-ci est offensante. Quand on se livre à toute son imagination, on ne pense pas à tout.

Tout poste est assigné, tout danger est prévu. [g]

Si cela eût été, les Alliés n'auroient pas eu des *succès*, dont Mr. *de Richelieu* vit *d'un œil prudent & ferme .... & la cause & le terme.* *

Nouilles, pour son Roi, plein d'un amour fidelle,
Voit la France en son Maître, & ne regarde qu'el e [h]

Belle fonction pour un Maréchal de *France* dans une bataille ! Il auroit autant valu le représenter dans sa tente, importunant le Ciel par des vœux ardens pour la victoire du Roi. Renvoyè au *Décent*.

Cha-

[g] Vers 24. [h] Vers 25 26.
* Voyez les Vers 175. & 176.

Chacun porte la joie aux Guerriers qu'il commande. (i)

Est-ce donc-là le seul sentiment que des Officiers-Généraux tâchent d'inspirer au Soldat au moment d'une action, sur-tout de l'importance de celle de *Fontenoy* ?

Dans l'horreur de la nuit, dans celle du silence.
Demandent que l'aurore & le péril commence. (k)

C'est annoncer que les *François* demandoient à aller à l'Ennemi ; & il a paru au contraire, par leur manœuvre, que leur dessein étoit de l'attendre.

Si on vouloit épiloguer, on pourroit dire que *dans celle du silence demandent .. que le péril commence*, signifie à la lettre, qu'ils le demandent si bas qu'on ne les entend point, ou plutôt qu'ils ne le demandent point du tout.

Le Batave . . . . . dans l'Inde respecté. (l)

Ne l'est-il que là ?

Puissant

(*i*) Vers 33. (*k*) Vers 37 38. (*k*) Vers 43.

Puissant par ses travaux. .... (m)

Quelle foible peinture de la puissance de la *République des Provinces-Unies*, de l'étendue de son Commerce, & du soin infatigable de ses Habitans! On dit les *Travaux d'Hercule*, cette expression est consacrée. Mais il me semble que *Puissant par ses travaux* présente moins l'idée d'un, Peuple dont les travaux aient quelque ressemblance avec ceux d'*Hercule*, qu'avec ceux d'un *Portefaix* ou d'un *Manouvrier*. Aussi l'hémistiche est-il bien lourd. Mr. *de Voltaire* l'auroit-il fait par malice?

...... *des grandeurs de la France.* (n)

On dit bien la grandeur d'un Etat, pour exprimer sa force, sa puissance & ses triomphes, mais non pas *les grandeurs*. Employé au pluriel il ne désigne que des Honneurs, des Dignités &c.

...... *la valeur les conduit,*
La haine les anime, & l'espoir les séduit. (o)

N'au-

(*m*) Vers 44. (*n*) Vers 53. (*o*) Vers 55. 56.

N'auroit-il pas été plus vrai, & conséquemment mieux, de dire ? ***La haine les conduit, la valeur les anime.***

De l'Empire François l'indomptable Gênie,
Brave, auprés de son Roi......... [p]

On voit bien que ce n'est pas le ***Roi du Génie***, mais le ***Roi de l'Empire François***. Mais je demande si on peut dire le ***Roi d'un Empire***. Les idées que nous donnent ces deux expressions peuvent-elles s'allier ? Si l'on veut que ce soit le ***Roi du Génie***, je demande encore si cela se peut dire. On entend par ***Génie*** une intelligence puissante qui peut protéger ou nuire. Qu'est-ce que c'est que le ***Roi*** de ***cette Intelligence*** ?

Des montagnes, des bois, des fleuves d'alentour,
Tous les Dieux allarmés sortent de leur sejour. (q)

Apparemment les Dieux des Montagnes, des Bois & des Fleuves. Remarquez-vous cette transposition ? Il faut être M. ***de Voltaire*** pour s'en permettre de pareilles.

La

(*p*) Vers 57 58. (*q*) Vers 59 60.

La Fortune s'enfuit, & voit avec colére
Que. . . . . la valeur va tout faire. (r)

Elle ne s'enfuit ſans doute, que parce qu'elle s'eſt apperçue que la valeur va tout faire. Il faloit donc nous inſtruire de ce qu'elle a vu, avant que de nous dire qu'elle s'enfuit. On auroit pu éviter cette faute, en mettant, ***La fortune s'enfuit voyant avec colère que. . . .*** Le vers auroit peut-être été moins ſonore, mais on auroit parlé dans les régles.

Le brave Cumberland . . . . .
A déja diſpoſé ſes bataillons hardis. (s)

L'Auteur oublie qu'il vient de dire huit vers plus haut, ***Tous Marchent contre nous***, ce qui emporte néceſſairement la diſpoſition, & l'ordonance des bataillons qu'il fait faire ici. Ces deux vers peuvent donc être regardés comme chevilles. Mais j'oublie moi-même qu'il faloit citer le nom de Mr. le Duc de ***Cumberland avec l'éloge*** dû ***à ſa magnanimité***; & effectivement il étoit tems de le faire.

Tels

(r) Vers 61 62. (s) Vers 63 64.

Tels ne parurent point aux rives du Sçamandre, (t)
Sous ces murs si vantés que Pyrrus mit en cendre,
Ces antiques Héros qui montés sur un char,
Combattoient en désordre & marchoient au hazard.

Des Héros qui combattent en désordre & qui marchent au hazard sont-ils des Héros? Peut-on dans le même sujet concevoir l'idée d'un Héros, & en même tems celle d'un Guerrier qui ignore l'Art de la Guerre? Cela fait une image ridicule. Je ne sai au reste si Mr. *de Voltaire* me pardonnera de faire marcher ses antiques Héros avant de les faire combattre.

Tels son rival & lui prudens avec courage, (u)
. . . .
L'un vers l'autre avancés s'admirent de plus près.

Dit-on bien prudens avec courage pour désigner des Princes, ou des Hommes dont la valeur est guidée par la prudence?

Ceci termine au reste deux comparaisons étalées en huit vers pompeux, que je trouve de véritable crême fuettée. C'est de ce stille à la mode, dont je vous ai parlé ci-dessus.

S'avance

(*t*) Vers 65 68. (*u*) Vers 70 72.

S'avance vers nos rangs la profonde colonne. [x]

Je crois que pour bien exprimer la marche de cette formidable Colonne ***Angloise***, dont on parle ici pour la prémière fois. il auroit falu dire ***une*** épaisse Colonne. J'entends qu'***une*** eût été plus grand, plus énergique que ***la***. Je laisse à Mr. ***de Voltaire*** le choix de l'épithète. Personne n'y est si heureux que lui.

Le François dont Maurice a gouverné l'ardeur. (y)

Qu'est-ce que c'est que gouverner l'ardeur d'une Troupe, ou d'une Armée !

A son poste attaché joint l'art à la valeur. (z)

Que signifie ce vers ? je ne l'entends en vérité pas: Ce soldat qui garde son poste, & qui cependant use des ressources de l'art & montre de la valeur, tout cela, exprimé comme il l'est dans ce vers, ne vous paroit-il pas du stile à la mode? Si on prioit Mr. ***de Voltaire*** de développer les différentes actions que ce vers renferme, je pense qu'on trouveroit qu'il n'entend guères la Tactique.

Sous

(*x*) Vers 77. (*y*) Vers 87. (*z*) Vers 88.

Sous le fer expirans, ... [a]
Poussent les derniers cris . . . . . .

Des gens qui expirent sont-ils en état de crier? On a voulu mettre soupire, me direz-vous. Ah! je vous entends à présent. Ce mot peint en effet des gens expirans.

Grammont dans l'Elisée. . . . . [b]

Voici la justification de ma remarque sur le vers 17, à propos d'*infernale rive.* Pesez bien la différence du sort de *Maurice* & de *Grammont.* Celui-ci va dans l'*Elisée*, l'autre touche à l'*infernale rive*: Tout cela faute de connoitre le *Décent.*

Ce seroit peut-être trop s'attacher à la vetille, que de relever la méprise de Mr. *de Voltaire* sur la *Théologie Payenne*, laquelle enseignoit que les ames des Morts restoient errantes sur les bords du fameux Fleuve de l'Enfer, sans pouvoir être admises dans la fatale barque, jusqu'à ce que leurs corps eûssent reçu la sépulture. Par conséquent l'ame de *Grammont*, dont le corps étant assûrément encore gisant sur la Terre au moment dont

(*a*) Vers 92 93. (*b*) Vers 95.

dont parle Mr. *de Voltaire*, n'avoit pas pu être reçue dans l'Elisée.

Ce Sceptre des Guerriers, honneur de sa mémoire ? (c)

Il a dû paroître nouveau à bien des gens qu'un Bâton de Maréchal de *France* soit appellé l'*honneur de la mémoire* d'un Officier. L'usage adopterat-il cette manière de parler? J'en suis inquiet.

Je passe cette longue kyrielle de *morts*, de *blessés*, de *Chefs indomtés mourans sous le glaive & le feu.* Il y auroit bien quelque chose à dire ; mais en vérité je ne finirois pas, si je voulois relever tout ce qui me paroit mériter de l'être.

Combien de jours brillans éclipsés à l'aurore! (d)

Ne faudroit-il point dire à leur aurore?

Insensible aux grandeurs, aux pertes de la France. (e)

Remarquez encore ici *les grandeurs de la France.*

Que

[*c*] Vers 98. [*d*] Vers 124. [*e*] Vers 104.

Que l'épais bataillon qui contre nous s'avance. (f)
. . . . *qui le fer à la main*
A travers les mourans s'ouvre une large chemin.

Je n'étois pas à la bataille de *Fontenoy*, mais je parierois bien que cet *épais bataillon*, qui est sans doute cette grosse Colonne *Angloise*, ne fit point son attaque l'epée à la main, mais bien la bayonnette au bout du fusil; autrement il n'auroit pas eu beau. jeu. Si Mr. *de Voltaire* dit que *fer* signifie bayonnette, je lui demanderai comment, en cas que les noms de l'armure d'aujord'hui vinssent à se perdre, (ce qui pourroit nous arriver aussi-bien qu'aux Anciens) comment, dis-je, la Postérité entendra l'expression de *fer à la main*? Je me flate que cette question ne lui déplaîra pas. Il verra bien que je pense que ses vers pourroient survivre aux noms des armes dont on se sert aujourd'hui. Cela supposé, ils vivroient longtemps.

Paroissez vieux soldats, dont les bras éprouvés (g)
Lancent de loin la mort. . . . . .

Quelle expression pour désigner des Carabiniers qui tirent bien? *Eprouvés*, quelle heu-

(*f*) Vers 148 150. (g) Vers 165 166.

heureuse épithète pour rendre toute l'adresse du Tireur, & la justesse de la mire?

Venez vaillante Elite . . . . . (h)

Voilà peut-être la prémière fois qu'on voit une épithète à *Elite.* Autrefois quand nos Maîtres disoient *Elite*, ils comptoient avoir tout dit, mais ils n'en savoient apparemment pas tant que Mr. *de Voltaire.* Ces finesses de Langage leur échappoient.

D'un rempart de gazon foible & promte barière,
Que l'art oppose à peine à la fureur guerrière,
La Marke, Lavauguion, Choiseuil d'un même effort
Arrêtent une Armée & repoussent la mort. (i)

Promte barrière pour dire un retranchement fait à la hâte en présence de l'Ennemi, remarquez bien cette manière de parler, & dites hardiment une promte maison, pour uue maison construite en peu de tems; un Poëme promt &c.

Arrêtent une Armée. Ces mots font une grande & belle image, qui se trouve bien affoiblie par ceux qui suivent, *Arrêtent une Armée*, c'étoit tout dire.

 D'Ar-

(h) Vers 167. (i) Vers 179 182.

D'Argenson qu'enflammoient les regards de son Père.

Ne trouvez-vous pas que la présence de ce *Père* est moins que rien en comparaison de celle du *Roi* du danger que couroit sa Personne Sacrée, de la gloire de l'Etat & de l'exemple de tant de braves gens ? Si Mr. *de Voltaire* à mis ce vers pour aprendre à la Postérité que Mr. *d'Argenson* le Père, quoique dispensé par état de s'exposer au feu, y étoit, il pouvoit chercher une autre tournure pour immortaliser ce Ministre, & ne pas atribuer une grande partie de la bravoure du Fils aux regards du Père, qui selon moi figurent assez mal avec les grands objets qui sont ensuite.

Cette masse de feu qui semble impénétrable. (k)

Ce n'est plus un *Epais bataillon qui le fer à la main s'ouvre un large chemin*, mais un corps armé comme il doit l'être, une masse de feu en un mot; & cela est bien, parce qu'il est vrai. En effet, on dit qu'on n'a jamais vu un feu si vif, si égal, ni si continu.

Monaco

(*h*) Vers 183. (*i*) Vers 187.

Monaco perd son sang, & l'Amour en soupire. (*k*)

L'Amour en soupire, cela est bien léger, ce me semble, pour un Ouvrage si sérieux & pour un accident affligeant. Pourquoi n'en pleure-t-il pas ? *Monaco* le mérite bien.

Que les François sont grands quand leur Maître les guide! (l)

Voilà un beau vers, & une image complette.

Ils l'aiment, ils vaincront, leur Pére est avec eux. (m)

La fin de ce vers soutient mal la majesté du vers précédent. Cette opposition de *Maître* & de *Pere* fait un petit effet.

L'Escaut fuit, la Mer gronde. . . . . . . [n]

J'ai beau examiner la Carte, je n'y vois point la Mer aux environs du champ de bataille ; je la trouve à vingt lieues delà. Mais

[*k*] Vers 200. [*l*] Vers 220. [*m*] Vers 221. [*n*] 226.

à propos de quoi la Mer gronde t-elle ? *La terre au loin mugit, l'Escaut fuit, la Mer gronde, le Ciel* s'obscurcit. Voyez-vous comme cela est brillanté ?

Sur un nuage épais que des antres de l'Ourse [o]
Les vents affreux du Nord apportent dans leurs course,
Les Vainqueurs des Valois descendent en courroux.

Qu'étoit-il besoin de tant d'emphase, de ces *antres de l'Ourse*, & de ces *vents qui apportent un nuage dans leur course*, pour nous dire que les *Anglois* ambitieux de vaincre se réforment & reviennent à la charge ? La *course des Vents* sur-tout, cela est assez joli.

Anglois, vous que la paix sembloit seule allarmer, (p)
Vengez vous d'un Héros qui daigne encor l'aimer.

Se venger d'un Héros parce qu'il aime la paix ! en vérité Mr. *de Voltaire* n'y pense pas. Les dispositions pacifiques d'un Prince ne doivent ni ne peuvent portet à s'en venger ; & je suis persuadé, avec nombre de gens très sensés, que les *Anglois* sont bien éloignés d'un sentiment si peu raisonnable & si peu généreux.

Mille

(o) Vers 227 229. (p) Vers 233 234.

Mille cris redoublés dans les airs font entendre, (q)
Rendez vous, ou mourez, tombez sous notre effort:
C'en est fait, & l'Anglois craint Louïs *& la mort.*

C'en est fait annonce que l'*Anglois* est défait, & prend la fuite. Ainsi il faloit dire *fuit Louïs & la mort*, d'autant plus que *Louïs* n'est point un Vainqueur cruel, ni conséquemment à craindre.

Allez, brave d'Estrée, achevez cet ouvrage, (r)
Ramenez ces vaincus. . . . . .

Ramenez ces vaincus, mauvaise manière de parler, pour dire poursuivre les fuyards, & faire des prisonniers. Ramener des vaincus présente l'image de soldats rompus qu'on rallie qu'on remène au combat. Il y a plus. En se prêtant au sens de Mr. *de Voltaire*, *Ramenez* suppose qu'ils avoient déja été amenés par le brave d'*Estrée*, & qu'ils s'étoient échappes. De combien de fautes un mot mal employé n'est-il pas la source?

Toujours prêt, toujours promt, de pié ferme, en courant. (s)

(*q*) Vers 248 250. (*r*) Vers 251 252.
(*s*) Vers 275.

De pié ferme, pourroit peut-être désigner que les Dragons combattent à piè, mais *en courant* ne désigne assûrément pas qu'ils combattent aussi à cheval. *De pié ferme, en courant*, signifient à la lettre que les Dragons combattent quelquefois sans s'ébranler quelque fois en se précipitant de pleine course sur l'Ennemi. Mr. *de Voltaire* n'est pas toujours heureux dans ses peintures.

C'est ainsi que l'on voit dans les champs des Numides
Differremment armés des Chasseurs intrépides ;
Les Coursiers écumans franchissent les guérêts,
On gravit sur les monts, on borde les forêts ;
L'un attend, l'autre vole, & de sang sont trempées
Les lances, les épieux, les flèches, les épées ;
Les Léopards sanglans percés de coups divers
D'affreux rugissemens font retentir les airs ;
Dans le fond des forêts ils vont cacher leur rage. (t)

Voilà neuf beaux vers, voilà une belle peinture d'une poursuite. *Les Léopards sanglans* pour désigner les *Anglois*, rien n'est mieux. Cette tirade m'enchante. Mais je ne suis pas ébloui au point de n'y pas appercevoir quelques fautes. Par exemple. *ces chasseurs différemment armés* designent sans doute différens corps distingués par la nature

(t) Vers 259 264.

nature & l'eſpèce de leur armure qui pourſuivent les fuyards, cependant quatre vers plus haut je ne vois que des Dragons à la pourſuite. Je doute que ce qui eſt dit dans cette belle comparaiſon puiſſe ſupléer.

Ces foudres ennemis contre nous dirigés, (u)
Nous lanceront les traits que leurs mains ont forgés.

A quoi ſe rapportent *leurs mains*? Eſt-ce à *ces foudres?* Qui peut imaginer des foudre avec des mains? Je croirois plutôt que c'eſt à *ennemis*, ſi ce mot n'étoit pas-là comme épithète, pour dire des foudres deſtructeurs, mortifères, ſi j'oſe me ſervir de ce mot.

Les traits pour peindre des boulets de canon, je le paſſe.

Du Batave indécis la barrière & l'aſyle. (x)

Tournay eſt bien une des Villes de la Barrière, mais où Mr. *de Voltaire* a-t-il pris qu'il ſoit l'*aſile* des *Hollandois*? Leur République ſeroit réduite bien bas, ſi cela étoit. Mais il faloit une rime à *Ville*, me direz-vous. A cela je répons, Que Mr. *de Voltaire* n'écri-voit-

(u) Vers 273 274. (x) Vers 276.

voit-il en vers blancs ? lui qui en fait tant de cas, & élève si haut, quelque part, la sagesse des *Anglois* qui s'en servent. Il auroit fait moins de fautes, & nous aurions été plus contens.

Peuples, ne pensez point que ce jour de victoire [y]
Soit assez pour Louïs, & suffise à sa gloire.

Ne vous attendez-vous pas à de nouveaux combats & à de nouveaux triomphes ? Continuez votre lecture, & vous serez bien étonné de voir que ce début, qui annonce tant d'ambition, n'est-là que pour donner plus d'éclat à la modération du *Roi* & à sa générosité envers les Vaincus. Voilà pourtant l'idole du Parterre *François*.

C'est peu que le front calme, & la mort dans les mains, [z]
Il ait lancé la foudre avec des yeux sereins.

Le front calme, les yeux sereins, IDEM PER IDEM, Mais ce qui me choque, c'est que ces vers me présentent un Prince qui donne la mort de sang froid, un Monarque inhumain, barbare, familiarisé avec se sang, & cruel

(y) Vers 279 280. (z) Vers 281 282.

cruel de la cruauté des *Nérons*. Est-ce-là le portrait de *Louïs XV*. si bon, si débonnaire, si tendre? Voilà les indécentes de Mr. *de Voltaire*. Son Poëme en est farci. Je ne peux, quelque effort que je fasse, convenir que ces deux vers peignent la tranquillité d'ame, & la prèsence d'esprit du Roi dans la chaleur du combat.

Les quarante derniers vers sont d'autant plus beaux, qu'ils sont naturels. Rien n'y est forcé. Les images y sont vraies & touchantes.

Le Monarque est un Homme, & le Vainqueur un Pére;
Ces Captifs tout sanglans, portés par nos soldats.

Et les cinq vers suivans.

Quel farouche Ennemi peut n'aimer pas mon Roi?
Déjà Vienne se tuit, déjà Londres l'admire;
Ce titre auguste & saint de Sacrificateur &c.

Pourquoi toute la Piéce n'est-elle pas sur ce ton? Ces quarante vers sont peut-être ceux qui ont le moins couté à Mr. *de Voltaire*. La raison en est, qu'il a suivi la nature, guide sûr & fidèle, dont une imagination échaufée s'écarte d'autant plus qu'elle fait plus d'effort pour ne pas s'en éloigner. Il y a dans cette fin pluſieurs vers dignes de *Racine* & de *Boileau*.

Mr. *de Voltaire* me permettra pourtant de douter qu'on diſe bien de *tendres bienfaits* ; *la courſe de ces jours*, en parlant de la vie du Roi, &c. Je ſuis, &c.

Ce 27. Juillet 1745.

DISCOURS,

DISCOURS, *que* Mr. de Voltaire *prononça le 9. May 1746 a sa reception à l'academie Francoise a la place du feu Président Bouhier.*

MESSIEURS.

VOtre Fondateur mit dans votre établissement, toute la noblesse & la grandeur de son ame. Il voulut, que vous fûssiez toûjours libres & égaux. En effet, il dut elever au dessus de la dépendance, des hommes qui étoient au dessus de l'intérêt, & qui, aussi généreux que lui, faisoient aux Lettres, l'honneur qu'elles méritent, de les cultiver pour elles-mêmes. Il étoit peut-être à craindre, qu'un jour des travaux si honorables ne se rallentîssent. Ce fut pour les conserver dans leur vigueur, que vous vous fîtes une régle de n'admettre aucun Académicien, qui ne résidât dans *Paris*. Vous vous êtes écartez sagement de cette loi, quand vous avez reçu de ces

ces génies rares, que leurs dignitez appelloient ailleurs; mais que leurs ouvrages touchans, ou ſublimes, rendoient toûjours préſens parmi vous. Car, ce ſeroit violer l'eſprit d'une loi, que de n'en pas tranſgreſſer la lettre en faveur des grands hommes. Si feu Mr. le Préſident *Boubier*, aprés s'être flatté de vous conſacrer ſes jours, fut obligé de les paſſer loin de vous, l'Académie & lui ſe conſolérent, parce-qu'il n'en cultivoit pas moins vos Sciences dans la Ville de *Dijon*, qui a produit tant d'hommes de Lettres, & où le mérite de l'eſprit ſemble être un des caractères des Citoyens.

Il faiſoit reſſouvenir la *France*, de ces tems où les plus auſtères Magiſtrats, conſommez comme lui dans l'études des Loix, ſe délaſſoient des fatigues de leur état, dans les travaux de la Littérature. Que ceux qui mépriſent ces travaux aimables: Que ceux qui mettent je ne ſais quelle miſerable grandeur à ſe renfermer dans le cercle étroit de leurs emplois, ſont à plaindre! Ignorent-ils que *Ciceron*, après avoir rempli la première place du monde, plaidoit encore les cauſes des Citoyens, écrivoit ſur la nature des Dieux, conféroit avec des Philoſophes; qu'il alloit au Théatre; qu'il daignoit cultiver l'amitié d'*Eſopus* & de *Roſcius*, & laiſſoit aux petits eſprits,

esprits, leur constante gravité, qui n'est que le masque de la médiocrité?

Mr. le Président *Bouhier* étoit très-savant? mais il ne ressembloit pas à ces Savans insociables & inutiles, qui négligent l'étude de leur propre langue, pour savoir imparfaitement des langues anciennes; qui se croient en droit de mépriser leur siècle, parce-qu'ils se flattent d'avoir quelques connoissances des siècles passez; qui se récrient sur un passage d'*Eschyle* & n'ont jamais eu le plaisir de verser des larmes à nos spectacles.

Il traduisit le Poëme de *Pétrone* sur la Guerre Civile; non qu'il pensât que cette déclamation, pleine de pensées fausses; approchât de la sage & élégante noblesse de *Virgile*. Il savoit, que la Satire de *Pétrone*, quoi-que semée de traits charmans, n'est que le caprice d'un jeune homme obscur, qui neut de frein ni dans ses mœurs, ni dans son stile. Des hommes qui se sont donnez pour des Maîtres de goût & de volupté, estiment tout dans *Pétrone*; & Mr. *Bouhier* plus éclairé, n'estime pas même tout ce qu'il a traduit. C'est un des progrès de la raison humaine dans ce siècle, qu'un traducteur ne soit plus idolâtre de son auteur, & qu'il sache lui rendre justice comme à un contemporain.

Il exerça ses talens sur ce Poëme, sur l'Hymne à *Venus*, sur *Anacréon* Pour montrer, que les Poëtes doivent être traduits en vers. C'étoit une opinion qu'il défendoit avec châleur, & on ne sera pas étonné, que je me range à son sentiment.

Qu'il me soit permis, MESSIEURS, d'entrer ici avec vous, dans ces discussions littéraires ; mes doutes me vaudront de vous, des décisions. C'est ainsi que je pourrai contribuër au progrès des Arts ; & j'aimerois mieux prononcer devant vous un Discours utile, qu'un Discours éloquent.

Pourquoi *Homere, Théocrite, Lucrece, Virgile, Horace*, sont-ils heureusement traduits chez les *Italiens* & chez les *Anglois* ? Pourquoi ces nations n'ont-elles aucun grand Poëte de l'Antiquité en prose, & que nous n'en avons encore aucun en vers ? Je vais tâcher d'en démêler la raison.

La difficulté surmontée dans quelque genre que ce puisse être, fait une grande partie du mérite. Point de grandes chose sans de grandes peines : & il n'y a point de nation au monde chez laquelle il soit plus difficile que chez la nôtre, de rendre une véritable vie à la Poësie ancienne.

Les

Les prémiers Poëtes formérent le génie de leur langue. Les *Grecs* & les *Latins* employerent d'abord la Poësie, à peindre les objets sensibles de toute la Nature, *Homere* exprime tout ce qui frappe les yeux. Les *François* qui n'ont guères commencé à perfectionner la grande Poësie qu'au Théatre, n'ont pû & n'ont dû exprimer alors, que ce qui peut toucher l'ame.

Nous nous sommes interdits, nous-mêmes insensiblement presque tous les objets que d'autres Nations ont ôsé peindre. Il n'est rien que le *Dante* n'exprimât, à l'exemple des Anciens. Il accoûtuma les *Italiens*, à tout dire; mais nous, comment pourrions-nous aujourd'hui imiter l'Auteur des *Géorgiques* qui nomme, sans détour, tous les instrument de l'agriculture? A peine les connoissons-nous, & notre mollesse orgueilleuse dans le sein du repos & du luxe de nos Villes, attache malheureusement une idée basse à ces travaux champêtres, & au détail de ces arts utiles, que les maîtres & les législateurs de la Terre cultivoient de leurs mains victorieuses.

Si nos bons Poëtes avoient sû exprimer heureusement les petites choses, notre langue ajoûteroit aujourd'hui ce mérite, qui est très-grand, à l'avantage d'être devenuë la prémiere

langue

langue du monde, pour les charmes de la conversation & pour l'expression du sentiment. Le langage du cœur & le stile du Théatre ont entièrement prévalu, Ils ont embelli la langue *Françoise*; mais ils en ont resserre les agrémens dans des bornes un peu trop étroites.

Et quand je dis ici, MESSIEURS, que ce sont les grands Poëtes qui ont déterminé le génie des langues, je n'avance rien qui ne soit connu de vous. Les *Grecs* n'écrivirent l'Histoire que quatre cens ans après *Homere*. La langue *Grecque* reçût de ce grand Peintre de la Nature, la supériorité qu'elle prit chez tous les peuples de l'*Asie* & de l'*Europe*. C'est *Térence*, qui ches les *Romains*, parla le prémier avec une pureté toûjours élégante. C'est *Pétrarque*, qui après le *Dante*, donna à la langue *Italienne*, cette aménité & cette grace qu'elle a toûjours conservées. C'est à *Lopés de Vega*, que l'*Espagnol* doit sa noblesse & sa pompe. C'est *Shakespear*, qui tout Barbare qu'il étoit, mit dans l'*Anglois* cette force & cette énergie qu'on n'a jamais pû augmenter depuis, sans l'outrer, & par conséquent sans l'affoiblir. D'où vient ce grand effet de la Poësie, de former & de fixer enfin le génie des peuples & de leurs langues? La cause en est bien sensible.

Les

Les prémiers bons vers, ceux-mêmes qui n'en ont que l'apparence, s'impriment dans la mémoire, à l'aide de l'harmonie. Leurs tours naturels & hardis deviennent familiers; les hommes qui ſont tous nez imitateurs, prennent inſenſiblement la manière de s'exprimer, & même de penſer, des prémiers dont l'imagination a ſubjugué celle des autres. Me déſavouërez-vous donc, MESSIEURS, quand je dirai, que le vrai mérite & la réputation de notre langue ont commencé à l'auteur du *Cid* & de *Cinna*?

Montagne, avant lui, étoit le ſeul Livre qui attirât l'attention du petit nombre d'étrangers qui pouvoient ſavoir le *François*; mais le ſtile de *Montagne* n'eſt ni pûr, ni correct, ni précis, ni noble. Il eſt énergique & familier; il exprime naïvement de grandes choſes, c'eſt cette naïveté qui plaît; on aime le caractère de l'auteur; on ſe plaît à ſe retrouver dans ce qu'il dit de lui-même, à converſer, à changer de diſcours & d'opinion avec lui. J'entends ſouvent regretter le langage de *Montagne*, c'eſt ſon imagination qu'il faut regretter; elle étoit forte & hardie; mais ſa langue étoit bien loin de l'être.

Marot, qui avoit formé le langage de *Montagne*, n'a preſque jamais été connu hors de ſa pa-

patrie ; il a été goûté parmi nous pour quelques contes naïfs, pour quelques epigrammes licentieuses, dont le succès est presque toûjours dans le sujet ; mais c'est par ce petit mérite même, que la langue fut longtems avilie : on écrivit dans ce stile, les Tragédies, les Poëmes, l'Histoire, les Livres de Morale.

Le judicieux *Despréaux* a dit : *Imitez de Marot l'élégant badinage.* J'ose croire, qu'il auroit dit le *naïf* badinage, si ce mot plus vrai n'eût rendu son vers moins coulant. Il n'y a de véritablement bons ouvrages, que ceux qui passent chez les nations étrangères , qu'on y apprend, qu'on y traduit ; & chez quel peuple a-t'on jamais traduit *Marot* ?

Notre langue ne fut longtems après lui, qu'un jargon familier, dans lequel on réüissoit quelque fois à faire d'heureuses plaisanteries ; mais quand on n'est que plaisant, on n'est point admirè des autres Nations ;

Enfin Malherbe vint, & le prémier en France
Fit sentir dans les vers , une juste cadence,
D'un mot mis en sa place enseigna le pouvoir.

Si *Malherbe* montra le prémier , ce que peut le grand art des expressions placêés, il est donc le prémier qui fut *élégant.* Mais quelques stances harmonieuses suffisoient-elles pour

pour engager les étrangers, à cultiver notre langage ? Ils lisoient le Poëme admirable de la *Jerusalem*, l'*Orlando*, le *Pastor Fido*, les beaux morceaux de *Pétrarque*. Pouvoit associer à ces chef-d'œuvres, un très-petit nombre de vers *François*, bien écrits à la vérité, mais foibles & presque sans imagination.

La langue *Françoise* restoit donc a jamais dans la médiocrité, sans un de ces génies faits pour changer & pour élever l'esprit de toute une Nation : c'est le plus grand de vos prémiers Académiciens ; c'est *Corneille* seul, qui commença à faire respecter notre langue des étrangers, précisément dans le tems que le Cardinal de *Richelieu* commençoit à faire respecter la Couronne. L'un & l'autre porterent notre gloire dans l'*Europe*. Après *Corneille*, sont venus, je ne dis pas de plus grands génies, mais de meilleurs écrivains. Un homme s'éleva, (*Racine*) qui fut à la fois plus passionné & plus correct ; moins varié mais moins inégal ; aussi sublime quelquefois, & toûjours noble sans enflure ; jamais déclamateur, parlant au cœur avec plus de vérité & plus de charmes.

Un de leurs contemporains, (*Despreaux*) incapable peut-être du sublime qui éleve l'ame, & du sentiment qui l'attendrit, mais fait pour

pour éclairer ceux à qui la nature accorda l'un & l'autre, laborieux, sévére, précis, pûr, harmonieux, qui devint enfin le Poëte de la raison, commença malheureusement par écrire des Satires ; mais bientot après, il égala & surpassa peut-être *Horace*, dans la Morale & dans l'art Poëtique ; il donna les préceptes & les exemples; il vit, qu'à la longue, l'art d'instruire, quand il est parfait, reüssit mieux que l'art de médire, parce-que la Satyre meurt avec ceux qui en sont les victimes, & que la raison & la vertu sont éternelles. Vous eûtes en tous les genres, cette foule de grands hommes, que la nature fit naître, comme dans le siélce de *Léon X.* & d' *Auguste*. C'est alors que les autres peuples ont cherché avidement dans vos auteurs, de quoi s'instruire : & graces en partie aux soins du Cardinal de *Richelieu*, ils ont adopté votre langue ; comme ils se sont empressez de se parer des travaux de nos ingénieux artistes, graces aux soins du grand *Colbert*.

Un Monarque (*A*) illustre chez tous les hommes, par cinq victoires, & plus encore chez les sages, par ses vastes connoissances, fait de notre langue la sienne propre, celle de sa Cour & de ses Etats ; il la parle avec cette force & cette finesse que la seule étude ne donne jamais, & qui est le caractère du génie :

(*A*) *Frideric III. Roi de Prusse.*

Non-

Non-ſeulement il la cultive ; mais il l'embellit quelque fois, parce-que les ames ſuperieures ſaiſiſſent toûjours ces tours & ces expreſſions dignes d'elles, qui ne ſe préſentent point aux ames foibles. Il eſt dans *Stockholm*, une nouvelle *Chriſtine*, (*B*) égale à la prémiere en eſprit, ſupérieure dans le reſte ; elle fait le même honneur à notre langue. Le *François* eſt cultivé dans *Rome*, où il étoit dédaigné autrefois ; il eſt auſſi familier au Souverain-Pontife, que les langues ſavantes dans leſquelles il écrivit, quand il inſtruiſit le Monde Chrétien qu'il gouverne. Plus d'un Cardinal *Italien* écrit en *François* dans le *Vatican*, comme s'il étoit né a *Verſailles*.

Vos ouvragas, MESSIEURS, ont pênétré juſqu'à cette Capitale de l'Empire le plus reculé de l'Europe & de l'Aſie, & le plus vaſte de l'Univers ; dans cette Ville, [*Petersbourg*] qui n'étoit, il y a 40 ans, qu'un deſert habité par des bêtes ſauvages. On y repréſente vos pièces Dramatiques ; & le même goût naturel qui fait recevoir dans la Ville de *Pierre-le-Grand* & de ſa digne fille, la muſique des *Italiens*, y fait aimer votre éloquence.

Cet honneur qu'ont fait tant de peuples à nos excellens Ecrivains, eſt un avertiſſement que l'*Europe* nous donne, de ne pas dégéne-rer.

(B) *La Princeſſe Royal de Suede.*

rer. Je ne dirai pas, que tout se précipite vers une honteuse décadence, comme le crient si souvent des satiriques, qui prétendent en secret justifier leur propre foiblesse, par celle qu'ils impûtent en public à leur siécle. J'avouë, que la gloire de nos armes se soûtient mieux que celle de nos Lettres: Mais le feu qui nous éclairoit, n'est pas encore éteint. Ces dernières années n'ont-elles pas produit le seul Livre de Chronologie, dans lequel on ait jamais peint les mœurs des hommes, le caractère des Cours & des siécles? Ouvrage, qui, s'il étoit sechement instructif, comme tant d'autres, seroit le meilleur de tous, & dans lequel l'Auteur [*le Président Henaut*] a trouvé encore le secret de plaire; partage réservé au très-petit nombre d'hommes qui sont supérieurs à leurs écrits.

On a montré la cause du progrès & de la chûte de l'Empire *Romain*, dans un livre encore plus court, écrit par un génie mâle & rapide (*le Président de Montesquieu*) qui approfondit tout, en paroissant tout effleurer. Jamais nous n'avons eu de Traducteurs plus élégans & plus fidéles, De vrais Philosophes ont enfin écrit l'histoire. Un homme éloquent & profond s'est formé dans le tumulte des armes. Il est plus d'un de ces esprits aimables, que

que *Tibulle* & *Ovide* eûssent regardez comme leurs disciples, & dont ils eûssent voulu être les amis.

Le Théâtre, je l'avoüe, est menacé d'une chûte prochaine; mais au moins je vois ici ce génie véritablement tragique, (*Mr. de Crebillon.*) qui m'a servi de maître, quand j'ai fait quelques pas dans la même carrière; je le regarde avec une satisfaction mêlée de douleur, comme on voit sur les débris de sa patrie, un Héros qui l'a defendue. Je compte parmi vous, ceux qui ont, après le grand *Moliere*, achevé de rendre la Comédie une école de mœur & de bienséance; école qui méritoit chez les *François*, la considération qu'un théâtre moins épuré eut dans *Athenes*. Si l'homme célèbre, (*Mr. de Fontenelle*) qui le prémier orna la Philosophie des graces de l'imagination, appartient à un temps plus reculé, il est encore l'honneur & la consolation du vôtre.

Les grands talens sont toûjours nécessairement rares; sur-tout quand le goût & l'esprit d'une nation sont formez. Il en est alors des esprits cultivez, comme de ces forêts, où les arbres pressez & élevez ne souffrent pas, qu'aucun porte sa tête trop au-dessus des autres. Quand le commerce est en peu de mains, on voit

voit quelques fortunes prodigieuses, & beaucoup de misère ; lorsque enfin il est plus étendu, l'opulence est générale, les grandes fortunes rares. C'est précisément, MESSIEURS, parce-qu'il y a beaucoup d'esprit en *France*, qu'on y trouvera doresnavant moins de génies supérieurs.

Mais enfin, malgré cette culture universelle de la nation ; je ne nierai pas, que cette langue devenuë si belle, & qui doit étre fixée par tant de bons ouvrages, peut se corrompre aisément. On doit avertir les étrangers, qu'elle perd déja beaucoup de sa pureté dans presque tous les Livres composez dans cette célèbre Républiqus, si longtems notre alliée, où le *François* est la langue *presque* dominante, au-milieu des factions contraires à la *France* : Mais si elle s'altère dans ces païs, par le mélange des idiômes, elle est prête à se gâter parmi nous, par le mélange des stiles. Ce qui déprave le goût, déprave enfin le langage. Souvent on affecte d'égayer des ouvrages sérieux & instructifs, par les expressions familières de la conversation. Souvent on introduit le stile Marotique dans les sujets les plus nobles ; c'est revêtir un Prince des habits d'un farceur. On se sert de termes nouveaux, qui sont inutiles, & qu'on ne doit hazarder

zarder que quand ils sont nécessaires. Il est d'autres défauts, dont je suis encore plus frappé, parce-que j'y suis tombé plus d'une fois. Je trouverai parmi vous, MESSIEURS, pour m'en garantir, les secours que l'homme éclairé à qui je succede, s'étoit donnez par ses études. Plein de la lecture de *Ciceron*, il en avoit tiré ce fruit de s'etudier à parler sa langue, comme ce Consul parloit la sienne. Mais c'est surtout à celui qui a fait son étude particulière des ouvrages de ce grand Orateur, (*l'Abbé d'Olivet*) & qui étoit l'ami de Mr. le Président *Bouhier*, à faire revivre ici l'éloquence de l'un, & à vous parler du merite de l'autre. Il a aujourd'hui à la fois, un ami à regretter & à célébrer; un ami à recevoir & à encourager. Il peut vous dire avec plus d'éloquence, mais non avec plus de sensibilité que moi, quels charmes l'amitié répand sur les travaux des hommes consacrez aux Lettres; combien elle sert à les conduire, à les corriger, à les exciter, à les consoler; combien elle inspire à l'ame, cette joye douce & recueillie, sans laquelle on n'est jamais le maître de ses idées.

C'est ainsi que cette Académie fut d'abord formée. Elle a une origine encore plus noble que celle qu'elle reçût du Cardinal de *Ri-*

chelieu même : c'est dans le sein de l'amitié qu'elle prit naissance. Des hommes unis entr'eux par ce lien respectable & par le goût des beaux arts, s'assembloient sans se montrer à la renommée ; ils furent moins brillans que leurs successeurs, & non moins heureux. La bienséance, l'union, la candeur, la saine critique, si opposée à la satire, formèrent leurs assemblées. Elles animeront toûjours les vôtres ; elles seront l'éternel exemple des gens de Lettres, & serviront peut-être a corriger ceux qui se rendent indignes de ce nom. Les vrais amateurs des arts sont amis. Qui est plus que moi en droit de le dire ? J'oserois m'étendre, MESSIEURS, sur les bontez dont la plûpart d'entrevous m'honorent, si je ne devois m'oublier, pour ne vous parler que du grand objet de vos travaux, des intérêts devant qui tous les autres s'évanouissent ; de la gloire de la nation.

Je sais combien l'esprit se dégoûte aisément des éloges ; je sais que le public, toûjours avide de nouveautez, pense, que tout est épuisé sur votre Fondateur & sur vos Protecteurs ; mais pourrois-je refuser le tribut que je dois, parce que ceux qui l'ont payé avant moi, ne m'ont laissé rien de nouveau à vous dire ? Il en est de ces éloges qu'on répéte, comme de

ces

ces solemnitez qui sont toûjours les mêmes, & qui réveillent la mémoire des événemens chers à un peuple entier;elles sont nécessaires.

Célébrer des hommes tels qué le Cardinal de *Richelieu*, & LOUIS XIV. ; un *Seguier*, un *Colbert*, un *Turenne*, un *Condé* ; c'est dire à haute voix, *Rois*, *Ministres*, *Généraux à venir*, *imitez ces grands hommes*. Ignore-t-on, que le Panégirique de *Trajan* anima *Antonin* à la vertu? & *Marc Aurele*, le prémier des Empereurs & des hommes n'avouë-t-il pas dans ses écrits, l'émulation que lui inspirèrent les vertus d'*Antonin* ?

Lorsqu'HENRI IV. entendit dans le Parlement nommer LOUIS XII. *le Père du peuple*, il se sentit pénetré du desir de l'imiter, & il le surpassa.

Pensez-vous, MESSIEURS, que les honneurs rendus par tant de bouches à la mémoire de LOUIS XIV. ne se soient pas fait entendre au cœur de son Successeur, dès sa prémière enfance? On dira un jour, que tous deux ont été à l'immortalité, tantôt par les mémes chemins, tantôt par des routes différentes. L'un & l'autre seront semblables, en ce qu'ils n'ont différé à se charger du poids des affaires, que par reconnoissance ; & peut-être c'est en cela qu'ils ont été le plus grands. La posterité dira, que tous deux ont aimé la justice, & ont commandé leurs Armées. L'un recherchoit avec éclat la gloire qu'il méritoit; il l'appelloit à lui du haut de son Trone; il en étoit suivi dans ses conquêtes, dans ses entreprises; il en remplissoit le monde; il déployoit une ame sublime dans le bonheur & dans l'adversité, dans ses camps, dans ses Palais, dans les Cours de l'*Europe* & de l'*Asie*; les terres & les mers rendoient témoignage à sa magnificence, & les plus petits objets, si-tôt qu'ils avoient à lui quelque rapport, prenoient un nouveau caractère, & recevoient l'empreinte de sa grandeur.

L'autre [*Louis XV.*] protége des Empereurs & des Rois, subjugue des Provinces, interrompt le cours de ses conquêtes pour aller secourir ses sujets, & y vole du sein de la mort, dont il est à peine échappe. Il remporte des victoires; il fait les plus grandes choses avec une simplicité, qui feroit penser, que ce qui étonne le reste des hommes, est pour lui dans l'ordre le plus commun & le plus ordinaire. Il cache la hauteur de son ame, sans s'étudier même à la cacher; & il ne peut en affoiblir les rayons, qui en perçant malgrè lui le voile de sa modestie, y prennent un éclat plus durable.

Louis

Louis XIV. se signala par des monumens admirables, par l'amour de tous les arts, par les encouragemens qu'il leur prodiguoit : O vous, son auguste Successeur, vous l'avez déjà imité, & vous n'attendez que cette paix, que vous cherchez par des victores, pour remplir tous vos projets bienfaisans, qui demandent des jours tranquilles.

Vous avez commencé vos triomphes dans la même Province, où commencerent ceux de votre bisayeul, & vous les avez étendus plus loin. Il regretta de n'avoir pû dans le cours de ses glorieuses campagnes, forcer un ennemi digne de lui, à mesurer ses armes avec les siennes, en bataille rangée. Cette gloire qu'il désira, vous en avez joui. Plus heureux que le *Grand Henri*, qui ne remporta presque de victoires, que sur sa propre Nation, vous avez vaincu les éternels & intrépides ennemis de la vôtre. Votre fils, après vous l'objet de nos vœus & de notre crainte; apprit à vos côtez, à voir le danger & le malheur même, sans être troublé, & le plus beau triomphe, sans étre ébloui. Lorsque nous tremblions pour vous dans *Paris*, vous étiez au milieu d'un champ de carnage, tranquille dans les momens d'horreur & de confusion; tranquille dans la joye tumultueuse de vos soldats victorieux; vous em-

embrassiez ce Général (Le Maréchal de *Saxe*) qui n'avoit souhaité de vivre que pour vous voir triompher ; cet homme que vos vertus & les siennes ont fait votre sujet; que la *France* comptera toûjours parmi ses enfans les plus chers & plus illustres. Vous récompensiez déjà par votre témoignage & par vos éloges, tous ceux qui avoient contribué à la victoire ; & cette récompense est la plus belle pour des *François*.

Mais ce qui sera conservé à jamais dans les Fastes de l'Académie ; ce qui est précieux à chacun de vous, Messieurs ; ce fut l'un de vos confrères (*Le Duc de Richelieu*) qui servit le plus votre Protecteur & la *France* dans cette journée. Ce fut lui, qui, après avoir volé de brigade en brigade, après avoir combattu en tant d'endroits différens, courut donner & exécuter ce conseil si prompt, si salutaire, si avidement reçu par le Roi, dont la vûe discernoit tout dans des momens où elle peut s'égarer si aisément. Jouissez, Messieurs, du plaisir d'entendre dans cette assemblée, ces propres paroles que votre Protecteur dit au neveu de votre Fondateur, sur le champ de deBataille : *Je n'oublierai jamais le service important que vous m'avez rendu.* Mais si cette gloire particulière vous est chère, combien sont font chères à toute la *France*, combien le seront un jour à l'*Europe*, ces démarches pacifiques que fit Louis XV, après ses victoires ! Il les fait encore : il ne court à ses ennemis, que pour les désarmer; il ne veut les vaincre, que pour les fléchir. S'ils pouvoient connoître le fond de son cœur, ils le feroient leur arbître, au lieu de le combattre; & ce seroit peut-être le seul moyen d'obtenir sur lui des avantages. Les vertus qui le font craindre, leur ont été connuës, desqu'il à commandé : celles qui doivent ramener leur confiance, qui doivent être le lien des nations, demandent plus de tems pour être approfondies par des ennemis.

Nous, plus heureux, nous avons connu son ame dès qu'il à régné. Nous avons pensé, comme penseront tous les peuples & tous les siècles: jamais amour ne fut ni plus vrai, ni mieux exprimé: tous nos cœurs le sentent, & vos bouches éloquentes en sont les interprètes. Des médailles dignes des plus beaux tems de la *Grèce*, éternisent ses triomphes & notre bonheur. Puisse-je voir dans nos places publiques, ce Monarque humain, sculpté des mains de nos *Praxiteles*; environné de tous les symboles de la félicité publique ! Puissé je lire aux pieds de sa statuë, ces mots qui sont dans nos cœurs, *Au Père de la Patrie* !

FIN.

www.ingramcontent.com/pod-product-compliance
Lightning Source LLC
La Vergne TN
LVHW020021170826
845678LV00001B/74
* 9 7 8 2 3 2 9 7 9 1 5 6 2 *